굴욕

굴욕

웨인 케스텐바움 지음

김정아 옮김

문학과지성사

굴욕

제1판 제1쇄 2026년 3월 23일

지은이 웨인 케스텐바움
옮긴이 김정아
펴낸이 이광호
주간 이근혜
편집 최대연
펴낸곳 ㈜문학과지성사
등록번호 제1993-000098호
주소 04034 서울 마포구 잔다리로7길 18(서교동 377-20)
전화 02) 338-7224
팩스 02) 323-4180(편집) 02) 338-7221(영업)
대표메일 moonji@moonji.com
저작권 문의 copyright@moonji.com
홈페이지 www.moonji.com

ISBN 978-89-320-4511-5 03300

차례

푸가 1　　　알몸 수색　　　　　　　　　　　　　　　　　007

푸가 2　　　짐 크로 눈총　　　　　　　　　　　　　　　　041

푸가 3　　　리버부어스트의 구린내　　　　　　　　　　　060

푸가 4　　　당신의 개가 되고 싶은　　　　　　　　　　　080

푸가 5　　　흑부리　　　　　　　　　　　　　　　　　　097

푸가 6　　　다섯 시의 그림자　　　　　　　　　　　　　　114

푸가 7　　　카테터(트로이의 왕비는 이제 왕비가 아니다)　135

푸가 8　　　역겨운 혐의들　　　　　　　　　　　　　　　152

푸가 9　　　질 좋은 유대인 원단의 덮개　　　　　　　　　176

푸가 10　　충격요법의 미학　　　　　　　　　　　　　　197

푸가 11　　똥 싸는 소리를 엿듣는　　　　　　　　　　　230

감사의 말　　　　　　　　　　　　　　　　　　　　　256

옮긴이 후기　알몸의 짐과 흑부리 왕비: 질 좋은 구린내의　257
　　　　　　역겨운 미학을 엿듣는 그림자가 되고 싶은

그림 목록　　　　　　　　　　　　　　　　　　　　268

일러두기

1. 본문의 각주는 모두 옮긴이가 단 것이다.

2. 단행본, 정기간행물(신문, 잡지)은 『 』로, 논문, 에세이, 시 등의 단편은 「 」로, 영화, 방송, 공연, 노래, 미술작품 등은 〈 〉로 표시했다.

3. 국내에 번역 출간된 적 있는 작품명은 가급적 한국어판 제목을 따라주었다.

알몸 수색

1.

최근 뉴욕시에서 체포된 한 남자가 리커스섬 교도소에서 (정식 절차에 따라) 알몸 수색을 당했다. 법정에 선 남자는 "철창에 갇힌 채 옷을 벗으라는 명령을 받았다"고 진술했다. (『뉴욕타임스』에 따르면) 그는 "쪼그려 앉아서 엉덩이를 벌리라"는 명령을 받았다. 대마 소지 혐의로 체포된 이 피의자는 알몸 수색이 "끔찍했다"고 진술했다. "성인 남자로서 굴욕스러웠다"고.

2.

'굴욕humiliation'에는 '천하게humble 여겨졌다'는 뜻이 있다. 한갓 인간human으로 여겨졌다는 뜻도 있을까? '인간'과 '굴욕'이 어원을 공유하는 것은 아니지만, 라틴어에서도 **인간**humanus과 **굴욕**humiliatio이 접두사를 공유한다는 것이 왠지 의미심장하다.

3.

자꾸 유투브에서 라이자 미넬리의 클립들을 보게 된다. 그녀의 굴욕을 보고 싶다. 그녀가 끔찍하게 굴욕적인 경험을 견뎌냄으로써 영광에 이르는 모습도 보고 싶다.

4.

당신이 마조히스트가 아니라면, 굴욕은 원치 않는 경험일 것이다. 하지만 마조히스트에게 굴욕은 괴로움이 아니라 즐거움이다. 마조히즘이라는 원심분리기를 거치면 모든 감정적 불협화음이 해소되고, 굴욕은 기쁨 내지 행복이 된다.

5.

자주 회자되는 전설에 따르면, 작가 콜레트가 클로딘 연작을 쓰는 동안 남편 윌리가 그녀를 방에서 못 나오게 했다. 내가 이 책을 다 쓰려면 나에게도 그런 굴욕이 있어야 할까?

6.

마이클 잭슨의 아버지는 아들 마이클을 때렸다. MGM은 주디 갈런드에게 '각성제'를 먹였다. 이들 퍼포머의 공연에 강압이나 폭력이 개입했을 가능성이 있다. 〈비트 잇Beat It〉과 〈오버 더 레인보Over the Rainbow〉는 굴욕의 역전일 수도 있고 굴욕의 연장일 수도 있다.

7.

퍼포머가 퍼포머를 낳는다. 고난의 영웅담이 대를 잇는다. 라이자는 전성기 때의 어머니*를 따라잡지 못했기 때문에, 아니면 전성기 때의 자기 자신을 따라잡지 못했기 때문에 굴욕을 느낀다(수치의 무대에 굶주린 대중의 눈에는 그렇게 보인다). 과거의 업적들이 현재의 자아에 굴욕을 안겨준다.

8.

굴욕이 존재한다는 것을 증명하기 위해 증인을 세울 필요는 없다. 굴욕의 경험은 모두에게 있다. 경험의 질감은 각자 다르지만. 톨스토이의 불행한 가정들처럼, 다들 각자 자기 방식대로 불행하다.

9.

굴욕을 필수 덕목으로 요구하는 사회를 상상해보자. 그런 사회에서 굴욕은 통과의례일 것이고, 염치와 문명의 영역으로 들어가기 위한 여권일 것이고, 오만hubris에서 탈피하기 위해 필요한 걸음일 것이다.

---

* 　라이자 미넬리는 〈오즈의 마법사〉(1939)의 주인공으로 잘 알려진, 아역 배우 출신의 할리우드 스타 주디 갈런드(1922~1969)의 딸이다.

작가가 굴욕을 당하면 그것이 누구든 나는 기분이 안 좋다. 성추행으로 기소당한 라이벌 시인 데릭 월컷이 흑색선전의 과녁이 되었을 때, "나는 시인들이 망신당하기를 바라지 않는다"고 시인 루스 파델은 말한다. 하지만 월컷에 대한 욕이 퍼지는 데 그녀 본인도 일조했다는 사실이 얼마 후 언론에 의해 폭로되었고, 이번에는 그녀가 망신을 당했다. 이런 이야기를 전할 때는 움찔하게 된다. 내가 슬쩍 흘리는 소식이 나를 더럽힌다.

11.

(에이드리언 리치의 『더 이상 어머니는 없다*Of Woman Born*』에 인용된) 페미니스트 메리 데일리에 따르면, "많은 사람들이 임신 중단을 굴욕적이라고 간주할 것이다." 많은 사람들이 임신을 굴욕적이라고 간주할 것이다. 많은 사람들이 죽음을 굴욕적이라고 간주할 것이다. 많은 사람들이 문해력을 굴욕적이라고 간주할 것이다.

12.

나는 지쳐서 좁아진 시야로 굴욕이라는 방대한 논제를 바라보고 있다. 나는 지쳐 있다. 굴욕을 모면하면서도 굴욕의 불길 근처에 서서 그 불꽃들, 그 화끈함, 그 역설적 밝음을 즐기는 일생을 보낸 다음이라면, 어느 인간이라도 지칠 수밖에 없을 것이다.

13.

이어질 푸가들에서 나는 곡을 완성하는 것을 포기하고 역설적 단상의 병렬적 배치를 이어가는 데 만족할 것이다. 지쳤기 때문이기도 하지만, 굴욕이라는 논제가 너무 거대하기 때문이기도 하고, 굴욕의 복잡한 특징들을 포괄하려는 목소리를 서서히 손상시키는 것이 굴욕이기 때문이기도 하다. (나는 이 여정을 '푸가fugue'라고 부른다. 대위법을 불러내면 수사법 사용권을 얻을 수 있을 것 같아서이기도 하지만, '푸가 상태fugue state'가 자기동일성으로부터 분리되면서 정신적으로 균형을 잃은 상태인 해리성 둔주를 가리키기 때문이기도 하다.) 병치되는 단상에는 직언적이고 논리적인 것도 있고 비유적인 것도 있지만, 이런 푸가 작업의 목적은 본질적으로 **상이한** 경험들이 비슷한 암류들, 공감들, 반향들을 공유하고 있음을 암시하는 것 말고는 없다. 이렇듯 상반된 것들 사이에서 이따금 닮은 점을 발견하는 것을 목적으로 하는 병치 작업에 무슨 보상이 있다면, 그것은 바로 특별한 사냥감 하나를, 우리 각자의 내면에서 낑낑대는 짐승 한 마리를 붙잡을 수 있다는 것이다. 그 짐승이 내는 소리는 너무 미세해서 일반적인 기보법으로는 잡히지 않는다.

14.

공인의 굴욕을 보면, 감정이입하게 된다. **저 고통받는 자가 나였다면 어땠을까** 상상하게 된다. 그의 굴욕이 자업자득이었다고 해도 감정이입하게 된다. 마이클 잭슨이 아이들이랑 잤다고 해도. 로만 폴란스키가 열세 살짜리를 강간했다고 해도. 법정에 선 유명인을 보면, 경악과 매혹이 나를 엄습한다. **그 범죄가 성범죄라면 더욱 그러하다.** 그 법정이 여론의 법정일 뿐이라고 해도, 연민과 공포가 나를 엄습한다. 익숙한 장면의 극적인 시작을 아크로폴리스에서, 아니면 로마의 콜로세움에서 보고 있는 것만 같다. 비밀이 밝혀지는 장면. 피로 물드는 장면. 더러워지는 장면. 특권이 벗겨지는 장면.

15.

내가 구경거리라면, 내가 포르노물이라면, 내가 성인 잡지에서 다리를 벌린 모델이라면, 누가 인터넷에서 내 누드 사진을 본다면, 내가 굴욕을 느끼거나 내 사진을 본 웹 트롤러web trawler가 나 대신 굴욕을 느낀다.

16.

인터넷에서 한 학생의 누드 사진을 발견하고 그 앞에서 자위한 적이 있는데(지어낸 이야기일 수도 있다), 그때 나는 내 행동이 그에게 굴욕적이었을까 봐 걱정스러웠다. 아니면 지금 내가 당신에게 이 이야기를 하고 있는 것이 그에게 굴욕적일 수도 있다. 내가 이런 판타지의 소유자라는 이유로 나를 고발하고 싶을 수도 있을 텐데, 그 학생이 20대 후반이었다는 것과 그 사진이 본인의 성 서비스 홍보용이었다는 것을 알아주기를 바란다. 사진 속에서 그의 미소는 진정한 환대의 표시인 듯했다.

17.

플로리다에서 열여덟 살짜리 남자애가 미성년자 여자 친구(열여섯 살)와 다툰 뒤에 그녀의 알몸 사진을 "그녀의 부모를 포함한 수십 명"에게 보냈다는 기사가 『뉴욕타임스』에 실렸다. 나는 크루징cruising*하듯 이런 지면들을 돌아다니며 굴욕을 찾는다. 나는 이런 기사들을 스크랩함으로써 가해자 측이 된다.

18.

섹슈얼리티는 어떤 형태를 띠든, 어떤 위치에 있든 잠재적으로 굴욕적이다. 적어도 초월주의 페미니스트 마거릿 풀러는 그렇게 생각했다. 풀러의 남자 친구인지 남편인지가 그녀와 억지로 성관계를 가졌을 때, 그녀는 "모든 중요하고 여성적인 감정을 모욕당하는 굴욕적인" 경험을 했다. 이 결연한 대목은 유혹당한 여자들에 관한 엘리자베스 하드윅의 웅변적인 글

---

* 길거리나 화장실, 극장, 공원 등을 돌아다니며 데이트 상대를 찾는 일.

에 인용되어 있다. 이제 고전으로 분류되고 있는 해리엇 제이컵스의 『린다 브렌트 이야기: 어느 흑인 노예 소녀의 자서전 *Incidents in the Life of a Slave Girl, Written by Herself*』에서도 작가는 '굴욕'이라는 단어를 **성적으로** 비하당하는 경우로 한정한다. 노예라는 사실에 대해서는 굴욕적이라는 표현을 쓰지 않는다. 굴욕적인 것은 성적 육체, 그 체액과 돌기, 그 맥동과 분출이다. 이론가 쥘리아 크리스테바는 이렇게 구리고 습하고 성기 중심적인 과정을 묘사하기 위해 '비체卑體, abject'라는 단어를 사용한다.

19.

사드 후작은 굴욕을 쌓아 올린다. 나도 그럴 작정이다. 우리 중 일부가 TV 시청자나 출연자가 되는 데서 얻는 즐거움, 우리 중 일부가 포르노에서 얻는 즐거움, 우리 중 일부가 성범죄자들을 증오하는 데서 얻는 즐거움, 요컨대 우리 중 일부가 각종 스펙터클에서 얻는 즐거움은 (아니면 단순히 즐거움이라고 하는 대신 무언가 더 복잡한 감정이라고 하자) 고문실에서 벌어지는 일과 연결되어 있다.

20.

아부 그라이브 수용소 사진들과 함께 고문이 화제가 되었다. 미 육군 예비역(린디 잉글랜드)은 발가벗겨진 이라크 남자들의 '피라미드' 옆에서 음흉한 표정의 동료들과 함께 포즈를 취했고, 그렇게 그들에게 굴욕을 안겨주었다는 이유로 국제적 비방의 표적이 되었다. 그녀의 포즈, 거리낌 없어 보이는 그녀의 모습은 장난기라는 미국식 모욕의 본질을 한눈에 보여주는 듯했다: '우리는 유쾌한 대량 학살자들이야.' (고문을 소재로 다룰 때마다, 이 참담한 소재의 깊이를 측량할 능력이 나에게는 없으리라는 우울감이 나를 괴롭힌다.)

21.

왜 사람들은 굴욕적 역할과 상황을 받아들여야 하는 리얼리티 TV쇼에 나오고 싶어 할까? (뚱뚱한 몸을 보여주고. 노래를 못하고. 말을 더듬고.) 그들은 굴욕을 그렇게 전시하기보다 감추고 싶을 것이라고 당신은 생각할 것이다. 굴욕 전시가 치유 작업(김을 빼서 압력 낮추기, 트라우마 상쇄하기)으로 간주되기도 하는 것 같다. 정신분석에서 '**속 뚫림**abreactive'이라는 용어는 우리가 굴욕을 겪어냄으로써 또는 굴욕을 숨기지 않음으로써 얻게 되는 무언가를 가리킨다. 내가 신뢰하는 『옥스퍼드 미국 영어사전*Oxford American Dictionary*』에 따르면, **속 뚫림 작용** abreaction은 "억압된 감정이 있을 때, 그 감정을 야기한 경험을 반추하고 그 감정을 표출함으로써 그 감정을 해소하기까지의 과정"이다. 글쓰기도 속 뚫림 과정, 곧 굴욕감을 해소하기 위해 굴욕감을 재연하는 과정이다.

대부분의 글쓰기, 특히 글쓰기임을 의식하고 있는 글쓰기에서 우려되는 결과이자 불가피한 결과인 굴욕을 피하기 위해서는 지혜, 박식, 권위의 자리에서 말해야 한다. 더러운 알몸의 예들을 쌓아 올리는 것만으로는 안 된다. 논의가 있어야 권위자가 된다. 나의 논의에는 이런 요소들이 포함되어 있다.

23.

굴욕에는 (1) 피해자, (2) 가해자, (3) 목격자의 삼각관계가 포함되어 있다. 당하는 사람이 자기가 당하는 장면을 바라보는 것도 가능하고, 다른 누군가가 나중에 그 장면을 보거나 이야기를 전해 들을 것이라고 생각하는 것도 가능하다. 그 장면이 불러일으키는 경악감(그 에너지, 찌릿함)은 **3**과 관계한다. 지옥의 왈츠.

24.

굴욕이라는 혼란스러운 체제는 뒤집힘과 관계한다. 꼭대기가 뒤집혀 밑바닥이 되고, 상층이 뒤집혀 하층이 되고, 영광이 뒤집혀 수모가 되고, 안정이 뒤집혀 불안정이 된다. 뒤집힘은 순식간에 일어난다. 그 장면을 지켜보고 그 소식을 다른 곳으로 옮길 누군가가 거기 있어야 한다.

25.

굴욕은 신체적인 것과 관계한다. 액체, 고체, 성기, 틈새, 구멍, 분출물, 토사물, 배설물, 분비물. 굴욕의 필수조건은 더럽힘이다. 그저 정신적으로 당할 때도 육체가 함께 더럽혀진다.

26.

굴욕은 사회적 신분의 고전적 3요소, 곧 성별, 인종, 계급과 관계한다. 굴욕은 당신의 외모, 당신의 말투, 당신이 버는 돈, 당신의 걸음걸이, 당신이 풍기는 냄새, 당신이 쓰레기를 버리는 장소에 좌우된다. 굴욕은 우리가 사는 곳을 흑인, 백인, 남성, 여성, 간성으로 구성된 황망한, 대단히 단호한 격자판의 한 칸으로 한정한다. 우리가 이도 저도 아닌 상태라면, 성을 바꾸는 중이라면, 칸에 들어가지 못하는 것 또한 굴욕적이다.

27.

굴욕에는 여러 보상이 따른다. 롤모델로 간주되는 영광, 구경거리가 되는 즐거움, 남에게 보여지고 읽히는 특혜가 그런 것들이다.

28.

탄압받는 사람들과의 동일시도 그런 보상 중 하나다. 당신이 나를 모욕한다면, 나는 새로운 단체의 일원이 되어, 예로부터 지금까지 온갖 빌어먹을 드라마에 출연해온 환자들과 왕따들의 동료가 될 수 있다. 한때 유대인이었던 예수도 그 드라마에서 주연급 배우다.

29.

모욕을 가하는 자는 그 행동으로 인해 굴욕을 느낀다. 남을 공격하는 자, 권력을 함부로 휘두르는 자, 약한 사람을 괴롭히는 자, 획일적 기준을 강요하는 자가 그렇고, 치졸한 군인, 성직자, 시인이 그렇다. (예수도 면박 주기에 능했다. 성모 마리아한테 예수는 "여자여, 나와 무슨 상관이 있나이까"라고 했다.) 모욕하는 자(불난 집에 부채질하는 자)는 이렇듯 자기 행동으로 인해 반사적으로 더러워진다. 그를 더럽다고 생각하는 사람이 피해자와 목격자뿐이라고 해도.

30.

굴욕에는 공연장이 딸려 온다. 오케스트라석, 막, 관중, 조명, 매표소가 이미 갖추어져 있다. 무대 장치까지 준비되어 있다. 더럽혀진 당사자들(권력을 휘두르는 가해자, 피해자, 목격자)의 머릿속, 아니면 신의 머릿속에서 펼쳐지는 공연일 뿐이라고 해도. 신은 모든 굴욕을 보고 있을 것이라고, 신이 굴욕을 발생하게 하거나 승인하지는 않겠지만 굴욕이 발생하는 것을 보고는 있을 것이라고 우리는 추정한다. 우리는 현실을 이해하기 위해 굴욕이라는 프레임을 씌운다. 굴욕이라는 '안경'을 쓴다고도 할 수 있다.

31.

굴욕은 외적이다. 내적으로 감지되는 경우에도 마찬가지다. 반면에 부끄러움은 외적 정황과는 무관하게 그저 내적으로 일어날 수 있다. 굴욕은, 내가 알기로는, 외적으로 일어나야 한다(상상 속 굴욕도 마찬가지다). 굴욕은 지위와 위치의 상당한 하락이다. 굴욕 속에서도 부끄러움을 느끼지 않을 수 있고, 심지어 슬픔을 느끼지 않을 수도 있다. 굴욕은 내적인 감정에 국한된 문제가 아니라 외적인 분위기와 전후 사정과 각본의 문제다. 실내가 춥다고 말한다고 해서 그 말이 반드시 실내에 있는 사람들이 추위를 **느끼고** 있음을 의미하는 것은 아니다.

32.

어찌 보면, 여성성 혹은 여자다움은 굴욕적인 속성이다. 하지만 또 어찌 보면, '여자다움'은 있어야 하는 무언가라서, 여자다움을 잃거나 여자답지 못한 것 같다는 의혹을 사거나 여자답지 못하다는 비난을 받는 경우도 있을 수 있다. 여자다움이란 손가락질당할 수도 있고 더러워질 수도 있고 상처 입을 수도 있는 지위 내지 자질이기도 하다는 것이다. '남자다움'도 마찬가지다. 이것이 아무리 미심쩍은 속성이라 해도, 이 속성을 가진 여자들이 아무리 많다 해도, 남자다움이라는 것도 한편으로는 굴욕적인 속성으로 여겨질 수 있고(음경이 있다는 굴욕, 자궁이 없다는 굴욕), 다른 한편으로는 굴욕으로 인해 **박탈당할** 수 있는 속성으로 여겨질 수도 있다(굴욕당한 남자의 음경은 굴욕당하기 전보다 작아져 있다). 프로이트의 용어를 사용하면, 굴욕은 거세다. 너무나 소중한 일부를 도둑맞은 것이나 마찬가지라서, 남은 것은 '나'의 쭉정이뿐이다.

33.

굴욕은 고갈되거나 소모되는 과정이다. **아스케시스**askesis라는 그리스어는 그렇게 자진해서 비워나가거나 하릴없이 닳아 없어지는 것을 뜻하는 고상한(어쩌면 완곡한) 단어다. 에너지를 파괴하기란 불가능하다고들 한다(에너지는 물질의 다른 이름이다). 하지만 굴욕은 **물질의 파괴**에 해당한다. 현존했던 것, 온전하고 견고하고 중요했던 것이 너덜너덜해진다. 굴욕당한 이후에는 점점 작아진다. 나는 어쩔 수 없이 단식요법을 따른다. 아니면 고육책으로 단식 광대가 된다.

34.

하지만 굴욕은 침착沈着되고, 축적되는 과정이기도 하다. 굴욕적인 사건들이 쌓일수록 굴욕감은 **점점** 심해진다. 굴욕은 나무처럼 자라고 꽃처럼 피어난다. 그렇게 쌓여서 썩어들어 간다. 무더기로.

35.

아니면 굴욕에는 위의 두 원리가 결합되어 있다. 우리는 굴욕
에 잠식당하면서 점점 실체를 잃어가지만, 우리의 내면에서는
(치아에 치석이 생기듯) 딱딱한 앙금, 작은 응어리가 생긴다.
그런 침착물이 굴욕이다. 입자이기도 하고, 잉여이기도 하다.

36.

이 나라의 참담한 진실을 보도하는 필자라고 믿어 마지않는
『뉴욕타임스』의 칼럼니스트 밥 허버트에 따르면, "티파티 집
회 때 한 무리의 저질들이, 나는 파킨슨병 환자라고 적힌 피켓
을 가지고 바닥에 앉아 있던 한 남자를 조롱하고 모욕하는 일
이 벌어졌다." 심신쇠약 질환은 인간의 몸을 부서뜨리고 방뇨
하는 개자식들의 화장실로 만든다. 그 개자식들이 나치든, 린
치 가해자든, 유료 고객이든.

37.

굴욕은 **관계**에서만 발생한다. 굴욕은 목적어를 필요로 하는
과정, 상대방을 필요로 하는 과정이다. 나는 다른 사람들의 기
준에 따라서, 다른 사람들의 생각 속에서만 굴욕을 느낀다.

굴욕의 내장은 담즙, 경련, 요동, 화농과 관련되어 있어 적어도 은유적으로는 산성이다. 굴욕의 사운드트랙으로는 위장 뒤틀리는 소리. 구역질하는 소리.

39.

요즘은 굴욕이 옛날보다 **더** 많아졌을까? 격화일로일까? 굴욕이 문화사적으로 (적어도 현대인의 기억 속에서) 모종의 질적 변화를 겪었을 수는 있겠지만 역사적 주장을 펼치거나 새로운 동향을 짚으라고 하면 주저하게 된다. 굴욕의 양은 역사적으로 일정하다는, 굴욕의 핵심은 항상 동일하다는, 근본 경험은 변함없이 불행하게 일원적이라는 비교적 안정된 추정에 의지하게 된다.

40.

그러니 굴욕이 더 많아졌다는 말은 못하겠다. "리얼리티TV 때문에, 아부 그라이브 사진들과 관타나모 수감자들의 여파로 굴욕이 더 많아졌다." 틀렸다. 중세에도 상당한 굴욕이 있었으리라고 생각한다. 독립전쟁 이전의 미국에서도 상당한 굴욕이 있었다고 생각한다. 내가 이 주제의 엄청난 규모를 처음으로 눈치챘던 것은 잔 다르크와 세일럼 빌리지의 티투바에게 가해진 고문에 대한 기록을 읽었을 때였다. 그 시절에도 상당한 굴

욕이 있었으리라는 주장을 뒷받침하기 위해 죽은 두 사람을
증인으로 부를 수는 없겠지만.

41.

굴욕이 이렇듯 영원한 사회적, 심리적 삶의 항수라고 하면, 나
는 굴욕이 내 세계관을 착색한다는 것을 그냥 인정하게 된다.
굴욕은 나뿐 아니라 굴욕을 잘 느끼는 모든 사람들의 세계관
을 착색한다. 굴욕은 더러운 안경이다. 이렇듯 굴욕을 잘 느
끼는 성향, 남들에게 가해지고 있는 굴욕을 감지하거나 미래
에 본인에게 가해질 굴욕을 우려하거나 과거에 본인에게 가해
졌던 굴욕을 (기억 속에서 그리고 상상 속에서) 되풀이하는 일
에 빠지기 쉬운 성향을 묘사할 단어('굴욕-레이더humiliation-
radar')를 새로 만들어내는 것이 우리가 할 수 있는 일일까?

42.

그러면 우리의 과제는 전위와 초월의 경제를 통해 굴욕을 유
용하고 기분 좋고 유익하고 긍정적인 것으로 바꾸어내는 것일
까? 우리의 과제가 그런 굴욕의 연금술일까?

43.

하지만 굴욕이 경악스럽기만 한 것은 아닌 상황도 있지 않을
까? 굴욕이 어떤 다른 장소, 마음을 가라앉혀 주는 장소로 통

하는 길이 되는 상황도 있지 않을까?

44.

정리: 굴욕의 여파는 역설적이게도 긴장 완화일 수 있다. 굴욕을 다 겪고 반대편으로 빠져나오면 마음이 가라앉는다는 것이다. 그런 의미에서 굴욕은 **굴욕의 중지**로 통하는 길이다. 그리고 그렇게 굴욕이 멈추고 끔찍함이 잦아드는 것이 쾌감으로 경험된다. "큰 고통이 지나가면 형식적인 감정이 온다." 에밀리 디킨슨의 말이다. 고통을 겪는 많은 사람들이 이 말에서 위로를 받았다. 내 어머니는 뇌졸중으로 입원 치료를 받는 동안에 나에게 전화로 이 말을 읊었다. 형식적인 감정—중지, 멈춤, 궐위, 휴전—은 조리돌림의 시간들이 받아야 할 위자료다.

45.

재밌는 사실: '굴욕'을 구글에 쳐보니 인기 검색어 5위에 www. tinypenishumiliation.net이라는 웹사이트가 뜬다. "작은 음경의 굴욕을 즐기는 남녀를 위해 설계된" 편리한 사이트라는데, '작은 음경의 굴욕'을 스포츠로 (아니면 새로 시작해볼 만한 종교 활동으로) 삼는 남녀들의 서브컬처가 여기서 꽃을 피우고 있는 모양이다.

스위스 작가 로베르트 발저(미니어처 문학의 전문가였다)는 1909년 소설 『벤야멘타 하인학교: 야콥 폰 군텐 이야기』에서 "나 자신에게서 존경받을 만한 데를 전혀 찾을 수 없다니, 이렇게 작다니, 커지지 않아도 된다니, 나는 얼마나 행복한 사람인가!"라는 말로 작음의 행복을 표현했다. 작은 음경을 가졌음의 행복을 말했던 것은 아니고, 소수자들, 실격자들, 망각당한 사람들, 무시당한 사람들의 행복, 짓밟혀 있음의 행복을 말했던 것이겠지만. 짓밟힘을 침착하게 견뎌내기 위해서는 양가감정의 전문가여야 한다.

47.

드넓고 드높은 경험이 과중해지고 불쾌해져서 기분 전환이 필요한 상황이라면, 굴욕은 곧 축복이 된다. 드높음이 병이 될 때는 굴욕(또는 좌천)이 약이 된다. 셰익스피어의 툭하면 욱하는 리어 왕에게는 원한에 찬 딸들에 의해 궁에서 쫓겨난 이후의 굴욕이, 추방자가 되어 히스 황야를 떠돌기라는 뜻밖의 즐거움을 안겨준다. 왕 노릇 하기라는 시련의 세월을 드디어 끝내고, 동료 미치광이들과 함께 폭풍우 속에서 방황하기라는 위안을 얻을 수 있다는 것이다. 권력을 휘두를 자격을 상실하는 축복! (축복? 그건 아닌 것 같지만, 어쨌든 리어는 긴장을 풀고, 그러면서 언어를 되찾고, 그러면서 내적 주권의 의미를 재정

의한다.)

48.

굴욕은 액티비즘을 촉발할 수 있다. 들고일어나기. 프란츠 파
농의 표현대로 "현세의 지옥에 떨어진 사람들"은 굴욕이 혁명
의 전주곡(혹은 혁명의 기폭제)이라는 속단을 내릴 수도 있다.
로자 파크스의 원칙: 굴욕의 세월이 저항의 신기원을 연다. 하
지만 저항이 늘 조용한 것은 아니다. 역사적 굴욕에 어떻게 반
응할 것인가. 나의 선택이 살상 순교라면, 나는 자살폭탄 테러
범이 된다.

49.

경험으로서의 굴욕은 접은 주름을 닮았다. 주제 사라마구의
소설 『예수복음*The Gospel According to Jesus Christ*』에서 "그의 영혼은
자기비하 속에서 세 번 접힌 튜닉처럼 움츠러든다." (왜 세 번
일까? 굴욕이나 신성이 관련되는 곳에서 3은 마법수인 듯하다.)
자기비하에 빠진 영혼은 안에서 일그러진다. 어쩌면 모든 강
렬한 감정은 주름을 닮았는지도 모른다. 자아의 행진이 중단
될 때, 판판했던 정신이 쭈글쭈글해진다. 냅킨 접기, 아니면
만두 빚기를 떠올려보자. 내가 왜 굴욕이 주름을 닮았다고 확
신하고 있는지는 모르겠지만, 내 머릿속에서 그 확신을 제거
하기는 불가능하다. 접어서 주름을 만들면 안이 밖이 되고 밖

이 안이 된다. 피고가 법정에서 자기 속옷이 검사에 의해 증거로 제출되는 것을 보고 있다고 생각해보자. 사적이어야 하고 겉으로 드러나서는 안 되는 것 하나가 갑자기 눈앞에 드러나 있다. 중요하지도 않은 것 하나가 **있어서는 안 될 곳에** 있다. 내 내면의 경험이 강제로 끄집어내져서 밖으로 내던져져 있다. 판사가 내 비밀을 듣고 있다. 내 썩은 속내가 만천하에 드러나 있다. 내 안쪽 피부가 밖으로 뒤집혀 나와 있다. 혐오감은 이렇게 주름 접힌 구조로 되어 있다(여기서 자아는 주름의 솔기가 되어 있다).

50.

교육 과정에서 겪은 굴욕은 정체성을 만들어낸다. 샬럿 브론테의 『제인 에어』에서는 어렸을 때 어떤 죄에 대한 벌로 붉은 방에 감금당했던 경험이 여주인공의 정체성을 형성한다. (나는 7학년 때 이 소설을 처음 읽으면서 굴욕이 어떻게 성격을 더 강하게 하는지 이해할 수 있었다.) 어떤 죄였느냐 하면, 본인의 소유물이 아닌 책을 읽은 죄였다. **애교 없는 외톨이**라는 제인의 정체성은 이 최초의 굴욕에 대한 반응으로 형성되기 시작한다. 여기서 내가 세워볼 일반적 가설은, 정체성이라는 식물은 굴욕이라는 토양에서 발아한다는 것이다. (나는 왜 이 가설이 옳다고 믿는가? '정체성'이 무엇인지 내가 알고 있는가? 에고라는 착각을 만들어내는, 내적 몽상들과 기억들의 종잡을 수 없고 거의 들리지도 않는 합창, 정체성이란 그러한 뜨거운 첫물 같은 합창이 아닐까 하는 것이 나의 생각이다.) 굴욕이란 인격의 지하실인 것 같고 계단 밑에 쌓아둔 쓰레기 더미인 것 같지만 그것이 전부는 아니다. 굴욕이란 '자아'의 자기인식을 위한 길을 내는 **선행 사건**이다.

51.

우리가 윤리적 개개인으로서 해야 하는 일은 굴욕을 최소화하고, 굴욕을 가하지 않기 위해 노력하는 것이라고 생각한다. 그렇게 자제의 윤리를 훈련하는 것이라고 생각한다. 맹세하자. 남에게 일부러 굴욕을 주는 일은 삼가겠다고. 내가 그런 끔찍한 일에 관련되어 있음을 알게 되면, 당장 그만두고 입장을 바꾸고 죄를 바로잡겠다고. 하지만 그런다고 해서 굴욕 없는 세상이 가능해질까? 끔찍한 상황에 대해서 쓸 때는 환상이 깨진다. 이 주제에 대해서 나는 거창한 소리를 할 수가 없다.

52.

직장 생활은 굴욕적이다. 직장에서 일어난 굴욕에 대한 이야기를 해본 적이나 들어본 적이 없는 사람이 있을까? 내 상사는 괴물이야. 내 직원들은 뒤에서 나를 '뚱보'라고 불러. 자기네 이메일에 그렇게 쓰더라고. TV쇼 〈오피스〉에서는 아니꼬운 상사가 부하 직원들에게 해맑은 표정으로 굴욕을 안겨주는데,

그런 쇼가 왜 대인기냐 하면, 밑에서 일하는 모든 사람은 일상적 수모(관료제 사회에서 기능하기라는 고름 주머니)를 익살극(정치적 기폭제로서 멜로드라마에 비해 효과적일 수 있는 연극 형태)으로 재해석하고 싶어 하기 때문이다.

53.

글쓰기는 나 자신을 안에서 밖으로 뒤집는 과정, 삼킨 것을 토해내는 과정이다. 나의 취약한 안감이 밖으로 밀려 나온다. 더러운 것들이 시원하게 배출된다. 그때부터 나는 내용물──내가 뱉어낸 내면──을 점검하고 살벌한 심문을 시작한다. 이건 더러운 건가 깨끗한 건가, 괜찮은 건가 한심한 건가 자문한다.

54.

매춘부라는 것은 굴욕적일까? (항상 그런 것은 아니라고 믿고 싶다). 엘리엇 스피처의 유료 동반녀는 한 TV 인터뷰에서 자기를 칭할 때 '매춘부'라는 표현을 써야 했다. '에스코트'라는 표현을 선호하는 그녀에게 '매춘부'라는 호칭을 강요한 사람은 모든 유능한 TV 진행자들과 마찬가지로 냉정과 공감과 사디즘을 겸비한 다이앤 소여였다. 우리 중에는 더러운 곳을 찾아다니는 일의 전문가들이 있다. 다이앤 소여, 바버라 월터스, 래리 킹, 그 외 모든 동료 방송인들과 마찬가지로, 나는 웃는 얼굴로 초대 손님의 벌어진 상처에 질문의 칼을 찔러 넣는다.

굴욕을 가할 때 사용하는 연장은 (아니면 그저 그 연장을 넣어두는 칼집은) 상냥함이다.

55.

나는 모니카 르윈스키, 힐러리 클린턴 부류——배신당한 여자들, 유혹에 넘어간 여자들, 바람피우는 남편을 둔 아내들, 손가락질당하는 내연녀들——에 감정이입한다. 나는 그들이 느끼는 것들 또는 느낄지도 모르는 것들을 상상함으로써 내가 이미 가지고 있는 느낌, 인간으로 태어난 이상 가질 수밖에 없는 느낌——우리는 다 굴욕의 가장자리에 살고 있는 만큼 언제라도 그 모진 굴욕의 나라로 추방당할 위험을 안고 있다는 느낌——에 대해서 배운다. 스캔들을 먹고사는 대중은 아내든 내연녀든 간에 나를 훼손된 여자로 여기고 있음을 알고 있다는 느낌. 그런 느낌에 대해서 말하거나 씀으로써 나는 무엇을 증명하고 싶은 것일까? 굴욕당한 사람들의 사례를 들먹이면서 열변을 토하고 싶은 것일까? 나 자신이 그들의 드라마를 보면서 변태적 쾌락을 느낀다고 고백하고 싶은 것일까? 나 자신의 지옥 같은 경험에 대해서 이야기하고 싶은 것일까? 이런 참사들이 당신에게 닥친 것들과는 다른가?

56.

내가 쓴 글이 그 글에 나오는 사람들(가수들, 스타들, 화가들,

가까운 친구들)에게 결과적으로 (애초의 의도와는 달리) 굴욕을 안겨준 것은 아니었을까 걱정이 될 때가 자주 있다. 내 의식적인 목표는 그들을 찬양하는 것이었지만, 내 무의식적인 소망은 그들을 모욕함으로써 나 자신에게 배신하는 자, 남의 비밀을 누설하는 자, 배은망덕한 자, 고자질하는 자, 남의 자리를 강탈하는 자, 영혼을 잠식하는 자, 남의 평판을 더럽히는 자, 남의 물건을 훔치는 자라는 굴욕적인 정체성을 허락하는 것이었음을 나중에 깨닫고 충격에 빠질 때가 있다.

57.

어떤 부류의 작가들, 연구자들, 수집가들, 정보 조립자들에게 적용될 수 있는 한 가지 정리가 여기서 나온다: **어떤 주제를 탐구하는 일은 그 주제에 대한 모욕이자 그 주제를 탐구하는 본인에 대한 모욕이다.**

58.

어떤 굴욕적인 주제를 성찰하는 일은 예배의 한 형태다. 유대인 거식증 환자 시몬 베유는 (그녀의 자기파괴적인 열정이 수전 손택에게 영감을 준 이후로 그녀는 굴욕을 무지개 끝에 걸린 황금 항아리로 보는 사상가의 본보기가 된 듯하다) 그리스도의 상처에 대한 성찰에서 양분을 얻었다. 1942년에 쓴 한 편지에서는 "그리스도의 십자가를 생각할 때마다 부러워하는 죄를 저지르게 된다"는 말로 본인의 금욕성을 과시하기도 했다.

59.

오늘 우편함에 '스마일 트레인'*의 기부 요청 책자가 와 있었다. 봉투 겉면은 고통스러운 구순구개열 아동의 사진. (누구에게 고통스러우냐 하면, 보는 사람에게 고통스럽다. 아이에게도 고통스러울 것 같다. 책자는 나에게 이런 입이 증거하는 아이의 굴욕을 바로잡을 것을 촉구한다.) 나는 사진을 보면서 충격을 경험한다. 죄책감과 비통함과 극심한, 끔찍한 동일시를 포함하는 발작적인 감정. 내가 이 아이를 돕지 않는다면 내가 이 아이가 될 것 같은, 아니면 이 아이가 겪을 고통의 사후적 원인 제공자가 될 것 같은 느낌. 이런 마술적 논리는, 접촉해서는 안 될 사람, 더러운 사람, 잠잘 곳이 없는 사람, 토하는 사람, 우는 사람, 떠는 사람, 피 흘리는 사람, 비천한 신체적 시련을 겪는 사람을 볼 때도 나를 괴롭힌다. 그런 사람을 바라볼 때, 나는 일단 그의 굴욕을 감지하면서 섬뜩한 연민에 사로잡힌다. 하지만 그러다가 그를 내 시야 밖으로 쫓아내고 싶다는 충동을 느낀다. **꺼져, 토하는 새끼.** 하지만 그때 머릿속에 떠오르는 어떤 기억이 있고(**나도 한때 토하는 새끼였지**), 거기에 뒤따르는 어떤 예감이 있다(**내가 이 구토자를 돕지 않는다**

---

* 구순구개열 아동의 교정 수술을 지원하는 비영리 자선 단체.

면, 언젠가는 내가 다시 구토자가 되겠구나). 그렇지만 토사물이 내게 튀는 것은 사양하고 싶다. 피해망상적 동일시 때문이든, 상냥한 감정이입 때문이든, 괜히 토하는 사람을 쳐다보았다가 토하는 사람과 똑같은 사람이 되기라도 하면 어떡하겠는가? 오늘 오후, 나는 참회하는 마음으로 '스마일 트레인'에 첫 후원금 수표를 쓴다. 그러면 적어도 이렇게 수표를 쓰고 있다는 말은 할 수 있다. 시몬 베유의 에세이 「인간의 성격Human Personality」에 다음과 같은 구절이 있다. "진실 안에 들어갈 방법은 자기소멸뿐, 극심하고 전면적인 굴욕의 상태에 오래 머무는 것뿐이다." 베유의 굴욕 수련법에서 나는 아직 고수가 아니다.

60.

구글은 굴욕의 도구다. 내가 라이벌을 검색하는 이유는 노골적인 게시물을 발견할 수 있지 않을까 해서다. 나의 검색 자체가 라이벌에 대한 (주술적) 모독이면서 동시에 나 자신에 대한 모독이다. '심심풀이 구글링'이라는 특권을 행사할 때마다, 나는 나 자신을 모독하고 있다. 내가 인터넷에서 하는 행동의 상당 부분이 모독적이다. 그 점에서 나는 혼자가 아니다. 인터넷이 굴욕의 고속도로다. 인터넷의 목적은 시간을 모독하는 것, 정보를 (그리고 정보 검색을) 모독의 도구로 만드는 것이다. 그런 점에서는 여러 TV 프로그램, 특히 리얼리티 TV도 마찬가지다. 많은 예능 프로그램이 시청자를, 그리고 출연자를 모독하고 싶다는 치졸한 소망을 품고 있다. 우리 모두 다 함께 (재밌다고들 하는) 모시핏mosh pit* 속으로 끌려 들어간다.

61.

모독적이라는 점에서는 신문도 마찬가지다. 독뱀의 소굴. 왁자지껄 개탄하는 지옥의 동아리. 피해자는 사교계 명사, 화학 전공자, 워킹맘, 약물 중독자, 회계사, 병적으로 뚱뚱하고 심한 정신장애를 가진 남자아이, 조깅하던 사람, 입주 가사도우미, 자가용 운전사, 호텔 경영자, 식이요법을 전파하던 의사. 사진 속의 살인 용의자는 후드 티를 입었거나, 다운증후군이거나, 젊은 숀 코너리를 닮았거나, 입술 위에 흉터가 있거나, 젊은 제니퍼 존스를 닮았거나, 수염이 있거나, 입술 확대술을 받았거나, 삭발한 머리에 급진적 비주류 문신을 했거나, 야물커를 썼거나, 자선행사 두건을 쓰고 있다. 용의자의 얼떨떨한 가족, 집 밖에 모여든 사람들. 법정에 와 있던 살인자의 어머니는 선고 직후, 당황한 눈빛 아니면 멍한 눈빛을 하고 있다.

---

* 콘서트장 무대 바로 앞에서 관객들이 서로 몸을 부딪치며 춤추는 구역을 가리킨다.

앤 매로가 채링크로스에서 조리돌림당한 1777년에 비하면 지금이 나은 것 같다. 『뉴게이트 캘린더*Newgate Calendar*』(『악인들의 범죄 기록*Malefactor's Bloody Register*』이라고도 알려진 범죄 사건 연대기)에 따르면, 그녀의 죄목은 "남자 옷을 입고 다닌 것과 결혼 생활에서 남자를 연기한 것"이었다. 앤 매로가 형틀에 묶여 있을 때, "구경꾼들의 분노, 특히 여자들의 분노는 엄청났다. 그녀는 결국 구경꾼들의 돌팔매질에 두 눈의 시력을 잃었다."

63.

교육학에서는 굴욕을 빼놓을 수 없다. 엘프리데 옐리네크의 소설 『피아노 치는 여자』—그리고 미하엘 하네케 감독, 이자벨 위페르 주연의 영화 버전인 〈피아니스트〉—에는 다양한 굴욕 장면이 있지만, 그것들을 여기에 다 적을 필요는 없을 테니 완벽한 목록을 작성하려는 욕심은 버리겠다. 다만 가장 참담한 장면은 위페르가 피아노 교습생의 겉옷 주머니에 깨진 유리를 몰래 숨기는 장면, 주머니에 손을 넣던 교습생이 손을 벤다. 교사 사디즘의 극단적인 사례이기는 하지만, 교사가 아무리 멀쩡하고 친절하다 해도 학생은 구조적으로 **희생당할 수 있는 대상**의 자리에 놓인다. 예술학교의 교육학은 중등학교 노래 동아리로 흘러 내려갔을 때조차 군대 훈련 같은 면이 있다. 다시 말해, 클래식 음악을 (혹은 발레를?) 배우는 학생은 실수를 범하는 고통에 대해서 알게 되고, 엄격한 기준의 직관 지識直觀를 얻게 된다. 예술 실기 교사는 자칫 잘못하면 쉽사리 굴욕을 초래할 수 있다. 실험시 분야든 공연예술 분야든 개념 미술 분야든 마찬가지다.

프로이트는 굴욕과 관련해 뛰어난 통찰을 발휘하기도 했지만, 어리석은 생각을 드러내기도 했다. (슈레버 박사의 사례를 다루는 글에서) 프로이트는 굴욕이 신경증을 초래하는 '중요한' 원인이라고 하면서 특히 "남자들의 경우"가 그렇다고 덧붙였다. 그렇다면 여자들의 경우는? 도라의 사례를 다루는 글에서 프로이트는 "여자들은 자신들의 성기 상태에 특별한 자부심을 느끼기 때문에, 불쾌감이나 혐오감을 초래하리라고 여겨지는 성기 질환이 발생하는 경우, 여자들의 자존감은 믿기지 않을 만큼 엄청나게 훼손된다"라는 생각을 밝혔다. 그가 많은 글에서 신뢰할 만한 화자이기는 했지만, 이 글이 나온 시기가 그의 전성기는 아니었다. 어쨌든 그가 이런 멍청한 소리를 지껄인 마지막 화자는 아니었다. 나도 비슷한 소리를 지껄인 적이 있을 것이다. 나는 당신이 내 멍청함을 용서해주기를 바란다. 그리고 내 멍청함을 당신 자신의 멍청함의 메아리로 생각해주기를 청한다. (우리 중에 멍청하지 않은 사람은 아무도 없다. 우리는 다들 멍청한 탓에 걸핏하면 웃음거리가 되고 형틀에 묶인

푸가 1

36

죄인이 된다.)

65.

나는 '굴욕'이라는 단어를 되뇌는 데서 기쁨을 느낀다. 이어지는 푸가들에서도 이 단어가 주문呪文으로 작용할 것이다. 찬바람이 들어오는 성소에서 흔들리는 향로처럼, 이 단어의 되풀이가 용서와 위로의 향기를 널리 퍼뜨리기를. 나는 이 단어를 사용할 때마다 종을 치고 있다. 종소리가 고통의 일시적 중단을 알린다.

66.

나는 굴욕당하는 여자들보다 굴욕당하는 남자들에게 더 관심을 가지고 있다. 굴욕당하는 여자를 (문학 작품에서, 현실에서, 영화에서, 꿈속에서) 보게 될 때, 나는 경악과 슬픔을 느낀다(관심이 안 가는 경우도 있다). 굴욕당하는 남자를 (법정에서, 거리에서, 감옥에서, 병원에서) 보게 될 때, 나는 경악은 똑같이 느끼지만, 슬픔은 못 느끼기도 한다. 그의 남성성이 응당 받아야 할 상처를 받은 것이라고 느끼는 탓이다. 하지만 그렇게 남성성이 망가지는 모습 앞에서 내가 느끼는 경악은 엄청나다. 말을 바꾸겠다. 나는 굴욕당하는 여자들에게도 큰 관심을 가지고 있다. 하지만 남자의 굴욕 장면에는 특별한 완성미가 있다. 어쩌면 나는 늘 남자들에게 복수하고 싶은 마음인지도 모른다. 그런 까닭에 어쩌면 나는 늘 다른 누군가에게 보복 공격의 빌미를 제공할 위기의 벼랑 끝에 서 있다고 느끼는지도 모른다. 알몸 수색. 엉덩이 벌리기.

67.

그런데 지금 나는 끔찍한 실수를 저지르고 있다. 나는 지금 남들의 굴욕을 즐기는 허구적 인물의 목소리, 굴욕의 맛을 음미하고 굴욕의 기억을 수집하는 전문가를 자처하는 사람의 목소리로 말하고 있다. 사실 나는 전혀 그런 사람이 아니다. 『뉴욕타임스』에 따르면 폼스프링Formspring*이라는, 잔인함의 맛을 알게 해주는 웹사이트가 있다고 하는데(나는 『뉴욕타임스』를 이 나라의 밑바닥으로 가는 가장 가까운 통로로 이용하고 있다), 나라는 사람은 폼스프링에서 같은 반 아이가 익명으로 보내온 메시지("너 걸레인 거 애들이 다 알거든" "너 못생겼어" "웃지 마, 멍청해 보이니까" "네가 인기인이라는 건 네 착각이란다")를 읽고 있는 10대의 굴욕으로부터 소스라치면서 고개를 돌리는 사람이다.

---

* 익명으로 사적인 질문과 답변을 주고받는 소셜네트워크 서비스로, 2010년대 유행했고, 2013년 서비스를 종료했다. 이용자 간 사이버불링 문제가 심각했다고 한다.

내가 하는 말이 굴욕을 당하는 것은 **타인**이고 나는 결코 굴욕을 당하지 않는다는 말로 들린다면, 내가 하는 말은 거짓말이다. 내가 글을 쓰고 있는 이유는 나 자신의 굴욕적인 전사前史라는 심해의 파도를 잠재우기 위해서다. 심란하다면 심란한 프롤로그지만, 당신의 전사보다 더 심란하지는 않다.

69.

극소량의 성적 자극이 굴욕 피해자를 에워싼다(일종의 손해배상이다). 나는 그런 사태를 언급함으로써 그런 사태의 재발을 예방한다. 화살은 성 세바스티아누스*에게 고양감을 안겨주었다. 지나고 나니까 그렇게 보이는 것뿐일지 모르지만, 어쨌든 그와 동일시할 이유가 없는 사람은 없다.

70.

굴욕 **이후**의 목소리. 철학자 조르조 아감벤에 따르면, 이 목소리는 말할 수 없는 것을 말하는 생존자의 목소리다. 굴욕당한 사람은 말할 수 없다. 그 사람은 지금 사라지고 없다. 하지만

---

* 로마 황제 디오클레티아누스의 친위대 출신으로, 그리스도교로 개종하고 순교한 인물이다. 당시 황제의 명에 따라 광장에 묶인 채 여러 개의 화살을 맞았으나 죽지 않고 살아났다고 알려졌다.

이 내가 굴욕 생존자로서 그 사람을 위해 말할 수는 있다. 이 책에서 나는, 굴욕당한 '나,' 침묵할 수밖에 없는 '나'의 목격자 겸 보증인으로서 말한다. 하지만 이런 발언은 너무 심각하고 너무 교황님 말투다. 여기서 홀로코스트를 언급하기에는 아직 너무 초반부이기도 하고.

짐 크로 눈총

1.

수백 년간 철학자들과 성직자들과 그 외 평범한 필멸자들은 목격자라는 위치에서 비롯되는 윤리적 혼란들에 괴로워해왔다. 그런 혼란들을 잠재울 능력이 없는 나는 주로 미디어 계정들을 이용해 굴욕 사건 목격자라는 부업을 하고 있다. 보도기사라는 형식은 나를 긴급함으로부터 멀리 떨어뜨려준다. 탄자니아, 에티오피아, 나이지리아에서 질 누공으로 고통받는 여자들에 대한 신문 기사를 나는 아침 식사를 하면서 읽는다. 환부에서 악취가 나고 고름이 터지고 하루 종일 소변이 (때로 대변이) 흘러나온다고. 그래서 환자의 가족, 환자의 마을이 환자를 기피한다고. 나는 그 굴욕의 늪을 상상해보려고 애쓴다. 내 상상은 실패하지만, 나는 계속 읽어나간다. 열두 살에 강간당한 여자애가 열세 살에 출산하고 누공으로 고통받는다는 것을 나는 니컬러스 크리스토프라는 사람의 『뉴욕타임스』 기사에서 알게 된다. "태어난 아기의 아버지는 그녀의 냄새에 경악했다. 그는 그녀를 외딴 오두막에 가두고 문을 떼어냈다. 그렇게 해두면 냄새에 유인된 하이에나들이 밤중에 그녀를 갈가리 찢어놓으리라고 생각한 것이다." 이 상황에 무슨 말을 보탤 수 있을까? 아기를 낳고 질병을 얻은 아이의 고통을 생각하면, 그 비인간에 가까운 상태를 생각하면, 그 아이를 강간한 뒤 그 아이의 주인이 된 남자가 그 아이를 그렇게 배설물의 지위로 끌어내렸다는 것을 생각하면 끔찍한 느낌이 든다는 말? 나는 그 아이를 위해 목소리를 내고 싶지만, 그 아이의 상황이 (준거점으로서) 가볍고 사소해 보이는 경험들 밑에서 욱신거리고 있음을 자인하고 싶기도 하다. 나는 시청자로서, 이웃으로서, 선생으로서, 애인으로서, 친구로서, 진행자로서, 평론가로서 다른 누군가를 쓰레기로 취급할 때 빈번하게 느껴지는 흔쾌함을 자인하고 싶기도 하다. 타인을 **탈주체화**할 때 느껴지는 흔쾌함을. 그리고 마치 악몽 속에서인 듯 그 외톨이가 들어올 수 없게 문명의 문을 걸어 잠근 다음 그렇게 망가진 야수가 차가운 밖에서 울부짖는 소리를 듣고 있을 때 느껴지는 흔쾌함을.

2.

나는 형제자매가 혼나는 모습을 구경하면서 어린 시절을 보냈다. 내 기억으로는 내가 형제자매 중에 가장 안 혼나는 아이였다. 비교적 덜 '나쁜' 아이. 규칙을 가장 덜 어기는 아이. 다른 아이가 굴욕을 겪는 모습을 구경할 때 느껴지는 그 감각이 내게 새겨졌다. 그 감각은 나를 호기심 많은 구경꾼으로, 다른 누군가가 배척당하는 장면 앞에서 전율하고 동일시하는 일에 적극적인 구경꾼으로 만들어주었다. 왜 '전율'이냐 하면, 나의 경우, 다른 누군가의——**또는 나 자신의**—— 굴욕을 구경하는 그 순간이 속 뒤집힘이라는 거의 생리적인 떨림의 감각을 초래한다. 정신은 시베리아가 되는 동시에 하데스가 된다고 할까, 뜨거워지는 동시에 차가워진다. 그러면 육체도 갑자기 심한 고온과 심한 저온의 숙주가 되어야 한다. 껍데기만 남은 느낌, 온몸에서 피가 모두 빠져나간 느낌이 들면서, 불타오르는 동시에 얼어붙는다. 나는 타오르고 얼어붙는, 열기/한기 발작을 내가 굴욕당할 때의 감각, 또는 다른 누군가의 굴욕을 목격할 때의 감각과 연결하고 있다. 모든 진술을 자서전이라는 그 굴욕적 장르로 끌어내리고 싶은 것은 아니고, (열기/한기에서 비롯된 떨림과 굴욕을 등호로 연결하는) 어떤 특이 체질자의 등식을 세우고 싶은 것도 아니다. 나에게 굴욕은 불티를 날리고 소낙비를 오게 하는* 기관차이자 기폭제이자 교훈담이자 신령한 장면이며, 나는 굴욕이 왜 나에게 그런 장면인지를 알아내기 위해 (나 자신의 삶을 위해) 이 책을 쓰고 있다. 굴욕이 형언

---

* 「욥기」 5장 7절과 「에스겔」 34장 26절을 인유하는 표현이다.

할 수 없이 끔찍한 경험이기는 하지만, 흥미진진한 소재이기도 하고, 아직까지 나는 굴욕에 지성적으로 접근해서 굴욕의 온도와 위상을 파악하고 싶어 하고 있다. 모든 주제는, 아무리 고통스러운 주제라고 해도, 지성적 로맨스의 대상이 될 수 있다. 서서히 접근한다면. 여의치 않을 때 물러난다면. 잠정적인 방식으로 재도전한다면.

3.

아들 마이클이 미디어에서 자기가 매 맞는 아이였다고 고백했을 때, 마이클 잭슨의 아버지는 굴욕을 느꼈을까? 그런데 왜 나는 누가 굴욕을 느꼈는지를 궁금해하지? 이것이 심리실험이라도 되나? 차라리 이 세상의 모든 굴욕적인 상황들을 근절하자고 주장하는 편이 낫지 않나? 내가 글을 쓸 때는 굴욕당하는 자리로 가서 심문당하는 목소리를 내게 된다. 어떤 사람이 말을 하거나 글을 쓸 때는 언어의 규칙과 청자의 요구가 그 사람의 목소리에 엄격한 제약을 가한다. 그런 제약에서 벗어난다는 것이 이해 불가능성, 악취, 진창, 광기로의 추락을 뜻함에도 불구하고, 그런 제약에서 벗어나기 위해 망명을 떠나는 목소리들이 역사에 있었다는 것은 그리 놀라운 일이 아니다.

4.

전기충격치료를 받은 정신과 환자들은 그런 충격요법을 굴욕스러워했을까? 앙토냉 아르토는? (그가 괜히 '잔혹극'의 창시자인 것이 아니다.) 실비아 플라스는? (그녀가 괜히 "나는 숨을 들이마시듯 남자들을 잡아먹는다"라고 쓴 것이 아니다.) 전류가 그들의 미친 육체를 강간했다. 이물질이 무방비의 살 속으로 들어갔다. 원치 않는—너무 높은, 너무 폭력적인—전압이 육체의 통합성을 앗아갔다. 나는 전기충격의 유익함 또는 유해함에 대해 판정하고 있는 것이 아니다(그 판정이 필요하면 신경정신과에 문의하라). 그보다 나는 **원치 않는 물질이나 작용력에 의해 무방비의 육체가 침범당하는 것**으로 굴욕을 정의해보자고 제안하고 있다. 침범당하기가 곧 굴욕인 것은 침범당할 때 고통스럽기 때문이기도 하지만, 갑작스럽고 불가해하기 때문이기도 하다(이게 뭐지? 지금 내 안으로 들어오는 이게 어떤 물질이지?). 주체는 주체이기를 멈추고, 작용당하는 대상, 훼손당하는 지형이 된다. 조르조 아감벤은 이런 과정을 '탈주체화' 과정이라고 칭한다. 그에 따르면, 아우슈비츠를 비롯한 죽음의 수용소들은 탈주체화의 실험들, 곧 인간을 비인간으로 바꾸는 방법을 찾는 실험들이었다. 나치의 관점에서 실험은 성공적이었다.

5.

미하엘 하네케의 영화 〈퍼니 게임〉을 끝까지 본 적이 없다. 폭력배들이 교외생활을 잔인하게 학대하는 장면들은 보고 있기가 너무 고통스럽다. 라스 폰 트리에의 〈어둠 속의 댄서〉는 볼 엄두가 안 난다. 비외르크가 연기하는 인물이 교수형당하는 장면은 아예 보고 싶지 않다. 그녀는 시각장애인이고, 엄마이고, 힘없는 사람이다. 내가 왜 그런 끔찍한 장면을 봐야 하는가? 점점 시력을 잃다가 목매달려 죽는 여자를 연기하는 비외르크를 보았을 때는 속이 메스꺼웠다.

6.

라이너 베르너 파스빈더의 영화 〈마르타〉에서 (카를하인츠 뵘이 연기하는) 남편이 아내의 검은 고양이를 죽이는 장면에 이르러 나는 힘없는 동물이 고통받는 것을 지켜보는 일은 불가능하다는 판단을 내린다. 로베르 브레송의 영화 〈당나귀 발타자르〉에서 당나귀가 발길질당하는 장면에서도 마찬가지다. 동물도 굴욕을 느낄 수 있을까? 내가 거미를 죽이기 위해서 조치를 취할 때 내 행위는 거미에게 공포스러울까 아니면 굴욕적일까? 그 차이를 구분하면 무엇을 알게 될까? 내가 상대에게 굴욕을 가할 수 있으려면 상대가 존엄이나 '얼굴'(얻을 명예gaining face, 잃을 체면losing face)을 갖고 있어야 하는데, 학대당하는 동물도 그런 것을 갖고 있을까? 내 친구의 개는 집에 혼자 남겨지면 자기가 싼 똥을 먹는데, 수의사는 개가 수치심으로 고통받고 있다고 진단했다. 그 친구가 들려준 이야기다. (진단을 들은 친구는 반려동물 학대자라는 비난을 듣기라도 한 듯 순간적으로 강한 수치심에 휩싸였다.) 어떤 사람들은 인간이 고통받고 있을 때보다(부종을 앓는 노숙자가 퉁퉁 부은 장딴지를 내놓고 있을 때보다) 동물이 고통받고 있을 때(반려동물이 학대당했을 때) 더 많은 눈물을 흘린다고들 한다.

7.

내 목소리를 가만히 들어보면, 기복이 없는 것이 특징이다. 빨라지지도 높아지지도 않는다. 대신, 굴욕당한 자의 무쾌감증과 마취 상태가 있다. 돌이킬 수 없는 피해로 이미 납작해진 사람처럼 웅얼웅얼한다.

8.

로스앤젤레스에 사는 한 여자가 마이스페이스에 '10대 남자아이인 척하는' 가짜 계정을 만들었다. 그러고는 이 계정을 열세 살짜리 여자애를 모욕하는 데 이용했다. 그 결과, 여자아이는 자살했다. 열세 살짜리 아이들은 쉽게 굴욕을 느낀다. 열세 살짜리 아이처럼 나는 이메일에서 찬사와 애정과 구출과 자극과 인사를 기대한다. 그런데 이메일이 나쁜 소식이나 나에게 불리한 정보를 전하면, 테크놀로지 그 자체가 유독 물질이 된다(테크놀로지의 공격은 비인격적이고 조용한 은닉 공격이다). 실시간 의사소통 메커니즘은 굴욕의 독구름을 널리 퍼뜨리는 데 특히 유용하다. 디지털 커뮤니케이션이 등장하면서 탈주체화가 용이해진 것은 아닐까? 그러나 전화나 전보에 대해서도 똑같은 말을 할 수 있었을 것이다. 타자기에 대해서도. 오랫동안 문명사회는 목소리를 내야 하는 장면, 상대와 맞서야 하는 장면에서 육체를 제거하는 사업을 추진해왔다. 시간이 갈수록 커뮤니케이션 산업과 엔터테인먼트 산업은 암암리에 (오락, 자극, 연결의 세계화를 추구하면서) 인간의 목소리를 차단하는 탈주체화를 추구하고 있다.

9.

멜로드라마는 굴욕 장면을 필요로 한다. 관객에게 메스꺼운 만족감을 안겨주기 위해서다. (관객은 **적어도 내가 굴욕을 당하고 있는 것은 아니다**라고 생각하거나 **나도 똑같은 경험을 했다. 나도 저런 굴욕을 당했다**라고 생각한다.) 나에게는 멜로드라마 굴욕 장면들의 정전 목록이 있다. 그런 클라이맥스 장면에서 주인공은 사방에서 쏟아지는 눈총에 얼어붙은 듯 가만히 서 있다. 세간의 눈총이 주인공 한 명을 갑자기 무가치한 존재로 만들어버리는 것이다. (세간의 눈총이 만들어낸 고난의 세계에서 피해자는 그 세계의 중심에 세워져 있다는 바로 그 이유로 주인공이 된다.) 나는 그 기준을 세우는 장면으로 영화 〈스타 탄생〉에서 (한물간 배우이자 알코올 중독자인 노먼 메인을 연기하는) 제임스 메이슨이 아카데미상 시상식 중 주디 갈런드의 뺨을 때리는 장면을 꼽겠다. 주디(비키 레스터 역)가 오스카상을 받은 직후, 그녀의 술 취한 남편이 비틀거리면서 무대로 올라와 그녀의 얼굴을 퍽 하고 가격한다. 관중은 헉 하고 놀란다. 휘청거리다가 중심을 되찾은 주디는 다정한 손길로 주정뱅이를 부축해 무대에서 내려간다. 우리는 눈물을 흘린다. 대스타 주디/비키가 그런 영광의 순간에 그런 굴욕을 만났으니까. 그녀의 남편이 그런 추태를 보였으니까. 그런 음주광의 더럽게 씨불이는 입이, 더럽게 흐느적거리는 몸이 그녀의 깨끗한 무대, 그녀의 새 영지(할리우드에서 성공하기)에 난입했으니까. 한편 우리는 주디 본인(진짜 주디)이 스타덤에 의해 굴욕을 당하고 있다는 느낌도 받는다. 스타덤이라는 해류가 굴욕이라는 저류를 포함할 수밖에 없다는 것이 왜 중요할까? 스타덤이 신체적 매력에 뿌리를 둔 긍정적인 자리, 부귀영화를 누리는 자리라는 생각으로 스스로를 속일 수는 있겠지만, 우리는 늘 이렇게 스타들을 주시함으로써 그들에게 굴욕을 안겨줄 기회를 **엿보고 있다.** 스타덤(특히 패리스 힐튼, 올슨 자매 등 나의 시야 밖에 있는 무수한 인물—스스로를 쓰레기 취급 하거나 언론에 의해서 쓰레기 취급 당하는—이 속해 있는 별 볼 일 없는 틈새 부문)에 이렇게 몰입하는 일은, 우리가 어쩔 수 없이 사랑하게 되는 대상들을 희생양으로 만들어 제거하면서 누군가의 기본권을 박탈할 방법을 훈련해나가는 일이다. (항상 그런 건 아니다!)

나는 다른 누군가가 벌받는 것을 보는 게 어떤 것인지 알듯, 다른 누군가가 추태를 부리는 것을 보는 게 어떤 것인지도 안다. 술에 취한 제임스 메이슨이 공식 석상에서 추태를 부리는 모습은 대중이 약에 취한 주디 갈런드가 보여주리라고 예상했던 모습이다. 무대에서 추태를 부리면 당신 자신에 대한 모독이고, 당신의 관중에 대한 모독이고, 당신의 공연이 성공하기를 소망하면서 당신을 무대에 올려준 사람들에 대한 모독이다. 내가 지금 추태를 부리고 있는 것일 수도 있겠지만, 적어도 주디 갈런드의 뺨을 때리고 있는 것은 아니다. 그런데 왜 여기서 주디가 나와야 할까? 이런 맥락에서 주디를 언급하는 것은 참으로 고루한 (스톤월 항쟁 이전 세대의) '게이' 매너리즘이다. 주디를 향한 애정을 표명하는 것은 공개 석상에서 정신 줄을 놓는 방법이다. (하지만 주디 이야기를 꺼내면서 진지하게 들으라고 요구할 수 있는 시대가 지나갔느냐 하면 결코 그렇지 않다. 주디는 주디를 부인하는 자들보다 오래 지속될 것이다.) 주디에 대해서, 또는 주디의 딸에 대해서, 그리고 스타다운 퍼포먼스(데드 존dead zone을 은폐하면서 친분과 감정을 꾸며내는 영역)에 대해서는 뒤에서 다시 논의할 것이다. 이제부터는 정말로 어두운 사안을 논의해야 한다. 다른 사람이 존재할 가능성을 고려하기를 그쳤을 때 인간의 얼굴에 나타나는 어두운 표정, 또는 무표정에 대해 논의할 시간이 왔다.

11.

나는 그것을 '짐 크로 눈총'*이라고 부른다. 백인에 속하는 사람, 백인 우월주의자, 편협한 어른이 아파르트헤이트 국가에 살면서 흑인에 속하는 사람을 쳐다볼 때('백인'과 '흑인'이 영원불변하는 용어들이 아니라는 것을 제발 기억하자) 그 옹졸한 눈총에는 냉담함, 무반응, 비승인이 담겨 있다. 그 눈총은 사람을 보는 것이 아니라 더러운 곳, 기분 나쁜 곳, 사람이 없는 곳을 보고 있다. 짐 크로 눈총을 쏘는 얼굴에는 눈총받이의 인간적인 면, 괜찮은 면, 용서받을 만한 면을 인정하려는 기색이 전혀 없다. 앨라배마주 버밍엄에서 경찰이 고등학생들에게 소방호스를 조준했을 때, 또는 아칸소주 리틀록에서 주 방위군이 센트럴 고등학교의 흑백통합을 외치는 학생들을 가로막았을 때, 경찰의 눈은 아이들을 시야에서 지워버렸다. 백인 구경꾼들의 눈도 마찬가지였다. 침 뱉는 자의 눈이었다. (학생들 중 하나였던 엘리자베스 엑퍼드는 그 순간을 기억했다. "나는 군중 속에 호의적인 얼굴은 없는지 열심히 두리번거렸다. 누군가는 도와주지 않을까 싶어서. 그러다가 한 나이 든 여자의 얼굴을 유심히 살펴보았는데, 친절한 얼굴로 보였다. 하지만 내가 그녀를 다

---

* 짐 크로Jim Crow는 1830년대 미국 코미디 뮤지컬에서 백인 배우가 우스꽝스럽게 연기하는 과장된 흑인 등장인물의 이름으로, 미국 남북전쟁 이후 1876년부터 1965년까지 일부 남부 주에서 식당, 학교, 화장실 등의 공공장소에서 백인과 흑인의 공간 분리를 명시한 인종차별 법의 이름이 되었다.

시 쳐다보았을 때 그녀는 내 얼굴에 침을 뱉었다.") 편협한 어른의 눈은 온기를 담지 않는다. 그런 얼굴 — 살인자의 얼굴, 고문 가해자의 얼굴, 침 뱉는 자의 얼굴 — 은 자기 자신이 비인간이라고 선포한다. 당신은 그런 얼굴을, 그런 무표정한, 얼어붙은 눈을 본 적이 없나?

12.

나는 내가 그런 눈을 어디에서 보았는지 알고 있다. 케이트 밀렛은 일가족이 이웃집 여자애(실비아 리킨스)를 유괴해 집 안에 가두고 고문 살해한 실화에 대한 응답으로『지하실: 인신공양에 대한 명상들*The Basement: Meditations on a Human Sacrifice*』을 썼다. 나는 그런 눈을 그 책에 실린 한 장의 사진 속에서 보았다. 살인의 수괴 거트루드 바니셰프스키의 기소 당시 사진인데, 얼굴은 앙상하고 날서 있고 희고 잔인한 얼굴이고, 눈은 살면서 감정이입을 한 번도 안 해본 것 같은 눈, 잔인한 살인을 지휘한 범죄 수괴의 눈이다. 거트루드 바니셰프스키의 자식들은 엄마가 시키는 대로 그 애의 복부에 재봉용 바늘로 '나는 창녀라서 자랑스러워!'라고 쓰고, 그 애를 심하게 뜨거운 욕조 물에 억지로 집어넣는다. 밀렛의 책을 읽은 지는 25년이 넘었지만, 거트루드 바니셰프스키의 얼굴은 부도덕한 저능함의 전형, 죽음 같은 삶의 전형, 인간이기를 거부한 눈의 전형으로 내 기억에 남아 있다.

13.

린디 잉글랜드의 눈은 냉담과 무식이라는 병에 걸린 듯하다. 린디와 다른 미군 병사들이 알몸의 이라크 포로들을 쌓으면서 그들을 가지고 놀았다. 린디는 굴욕적으로 쌓인 포로들 옆에서 포즈를 취하고 미소를 지었다. 고문 '수괴'였던 찰스 그레이너 병사도 그녀 옆에서 포즈를 취하고 있지만, 나에게 감각적 충격을 안겨주는 것은 린디의 얼굴이다(젊고 순진한 얼굴이라서? 여자의 얼굴이라서?). (그녀는 명령을 따르고 있었을 뿐이 아닌가, 말 잘 듣는 병사가 둔감화 과정을 거쳐 주변의 고통에 무감각해지는 것은 어쩔 수 없는 일 아닌가 하는 문제는 다른 평자들에게 맡기겠다.) 그녀의 미소는—그 미소의 무신경함은—다른 누군가의 굴욕을 즐길 수 있다는 선언이자 불의의 심층을 들여다보지 않겠다는 선언이다. 그런 미소를 짓는다는 것은 무감각하다는 증거다. 짐 크로 눈총이 상대에게 배척과 굴욕을 가할 때 그 과정이 늘 소란스러운 것은 아니다. 하지만 인정사정없기로는 소란스럽지 않은 경우도 마찬가지다. 공감의 여지는 전혀 없다. 경감의 여지도, 방면의 여지도, 주저의 여지도 없다. 당신에게 공감하기를 거부하는 눈, 또는 당신이 인간이라고 인정하기를 거부하는 눈으로 당신을 노려보는 사람 앞에 서 있다고 상상해보라. 신체적 상해를 입는 것이나 기본권을 박탈당하는 것도 굴욕적이지만, 나에게 호감을 갖기를 거부하고 나를 중요한, 동등한 주체로 보기를 거부하겠다는 의사가 가해자의 눈에 분명히 드러나 있을 때도 굴욕적이기는 마찬가지다. 상대를 그런 눈으로 본다는 것은 상대의 생득권을 박탈하는 것, 하나님의 나라라고도 불리는 생득권이라는 성역으로부터 상대를 쫓아내는 것이나 마찬가지다.

14.

나는 굴욕의 목록을 작성함으로써 굴욕이라는 주제를 피하기보다는 이 주제와 정면으로 부딪치고 싶다. 길고 폭력적인 목록을 작성하는 것도 가능할 테지만, 나는 거트루드 바니셰프스키의 얼굴을 (또는 그렇게 생긴 다른 얼굴들을, 사진 속에서, 상상 속에서, 역사적 회상 속에서 무한히 이어져나가는 얼굴들을) 들여다보고 싶다. 그런 얼굴을 가진 사람이 다른 사람에게 굴욕을 안겨주면서 그를 냉혹하게 무너뜨리고 있다. 그런 얼굴을 가진 백인 경찰이 버밍엄에서 소방호스를 조준하고 있다. 그런 얼굴을 가진 한 무리의 백인 남자들이 1899년 7월 22일에 미주리주 페이엣에서 카우보이모자를 쓰고 프랭크 엠브리의 린치당한 시체 옆에 엄숙히, 당당히 서 있다. 나는 그런 눈을 들여다보면서 그런 비승인을, 그런 무반응을 건드려보고 싶다. 나는 내 얼굴에 침을 뱉으려고 하는 사람의 얼굴이 어떻게 생겼을지 궁금하다(나치의 얼굴일까? 나치를 닮은 얼굴일까?). 지금까지 굴욕 가해자의 눈과 마주쳐본 적이 없다 해도, 마주치면 거의 확실하게 알아볼 수 있다. 굴욕 가해자는 나를 쳐다보면서도 내가 상처 입을 수 있는 인간이라는 것, 내가 좋은 점이 있는 인간이라는 것을 인정하려고 하지 않는다. (어떤 인간이든 좋은 점이 있지 않나? 있다. 굴욕 가해자가 짐 크로 눈총을 쏘기 전까지는, 그의 눈이 죽은 눈이 되기 전까지는, 모든 인간에게 좋은 점이 있다.) 굴욕이―인간에게 잠재된 끔찍한 가능성의 영역으로서―비밀스럽고 지독한 면을 가지고 있다고 할 때, 내가 떠올려보려고 하고 있는 그 얼굴, 곧 굴욕 가해자의 얼굴에는 그런 수수께끼 같은 면이 응축되어 있다. 아돌프 아이히만의 얼굴이 그런 수수께끼를 낸다. 린디 잉글랜드의 얼굴도 마찬가지다. (굴욕 가해자가 되기 위해 대량 학살자가 될 필요는 없다.) 마이클 잭슨의 얼굴은 다른 종류의 퍼즐을 풀어보라고 한다. 그의 얼굴에서는 아버지한테 매 맞는 아이, 자기의 원래 모습을 극도로 혐오한 나머지 모종의 엽기적인 자기삭제 및 자기창조 조치를 통해 완전히 다른 모습을 선택하는 아이돌이 된 아이가 보인다. 하지만 그의 얼굴에서는 아이들 옆에서 자다가 아동학대범으로 고소당한 성인 남자도 보인다. 또한 그의 얼굴에서는 자신의 성적인 기이함을 대중 앞에 노출당한 뒤에 굴욕에 시달리고 있는, 어느 한쪽으로 분류될 수 없는 어른-아이의 당황한 모습도 보인다. 마이클 잭슨이 전 세계로 송출된 메아 쿨파mea culpa(내 탓이로소이다) 유형의 진술에서 로스앤젤레스 경찰에게 당한 수모를 묘사하면서 "나의 음경"이라고 말해야 할 때의 모습. 마이클 잭슨이 젊은 알몸 남성들이 담긴 성애물erotica을 소지하고 있다는 사실을 모두 알게 되었다. 누구든 그 사실을 신문에서 읽을 수 있었다. 이 사실은 이렇게 대중적 지식이 된다.

15.

오바마 대통령이 2009년 6월 4일 카이로 연설에서 "점령에 따르는─크고 작은─일상적 굴욕들"을 묘사할 때, 연설을 듣는 사람은 문명사회들이 지상의 역사에서 겪어온 모든 형언할 수 없는 점령들occupations(모든 직업들occupations과 그로 인한 모든 일상적 굴욕들)을 개탄할 명분을 얻는다(그리고 개탄의 허망함을 감지한다). 팔레스타인 사람들이 피점령으로 겪는 굴욕은, 물론, 수전 보일 같은 가수들이 〈아메리칸 아이돌〉류의 쇼에서 겪는 굴욕과는 다르다. (수전 보일 같은 사람, 아니면 재능은 그녀만 못하지만 볼품없기는 마찬가지라고 여겨지는 누군가가 그런 쇼에 출연하면, 짐 크로 눈총을 쏘는 무신경한 비방자의 얼굴이 그녀를 조롱한다. 무성한 눈썹을 손질하지 않은 뚱뚱하고 촌스러운 여자가 스스로 노래를 잘한다고 믿는다면, 사회자는 청중과 함께 그녀를 조롱하거나 청중을 쿡 찔러 그녀를 조롱하게 한다.) 〈아메리칸 아이돌〉에서 조롱당한 퍼포머의 굴욕과 이스라엘에 점령당한 팔레스타인 사람의 굴욕 사이에는 어마어마한 차이가 있다. 전자는 본인의 선택이고, 후자는 그렇지 않다. 하지만 두 상황에는 몇 가지 공통점이 있다. 첫째, 공격하는 쪽의 태도와 행동이 근본적으로 무자비하다. 공격당하는 쪽의 평판(혹은 집, 혹은 땅, 혹은 에고, 혹은 자존감)을 훔치고 망치고 빼앗고 부수는 쪽은 그렇게 공격당하는 쪽이 중요한 존재라는 것을 결코 인정하려고 하지 않는다. 둘째, 공격하는 쪽은 공격당하는 쪽을 쫓아내고 탈주체화하겠다는 의지를 밑바탕에 가지고 있다. 셋째, 대단히 음험하게도, 공격하는 쪽은 이 탈주체화(**나는 이 폭소를 통해 당신의 인간성을 제거한다**)를 즐거운 일로 여겨야 한다고, 나아가 카타르시스를 느끼게 하는 일로, 마치 건강체조 같은, 치료와 강장에 도움이 되는 일로 여겨야 한다고 주장한다. 〈아메리칸 아이돌〉의 청중은 폭소를 터뜨리는 일을 미용, 세척 등과 관련된 일, 시원한 각질 제거 같은 일로 경험한다(그것이 내 가설이다). 나는 집단 폭소를 증오한다. 집단 폭소는 늘 의기양양하고, 자기 자리에 확신을 가지고 있다. 린디 잉글랜드의 미소와 〈아메리칸 아이돌〉 청중의 폭소는 도덕적으로 무감각한 오락성의 표현이다. 훌륭한 병사는 그 도덕적으로 무감각한 상태를 감당해야 한다(그 상태를 단련해야 한다). 우리는 그 상태를 국내에서 배양하고 전 세계로 확산시킨다. 미국은 도덕적으로 무감각한 웃음에 재능이 있는 나라다. 미국은 아프리카계 미국인들을 노예로 부리고 학대함으로써 그리고 아메리카 원주민들을 학살함으로써 그 재능을 연마할 수 있었다. 그 자신감 넘치는 웃음이 미국에만 있는 것은 아니다. 그 웃음이 점점 도를 더해가는 것은 다른 많은 나라에서도 마찬가지다. 하지만 그 웃음은 참으로 미국적인 톤을 가지고 있다. 대중매체의 자신만만한 톤, 광고의 톤, 사업의 톤, 맥도널드의 톤, 도살장의 톤이다. 나는 군산복합체를 도살장이라고 부른다는 것을 1960년대에 배웠다. (나의 문장들에 준엄한 톤이 침입했다. 교육자의 매질하는 목소리다.)

16.

굴욕 없는 교육이 가능할까? 우발적 굴욕을 포함해 그 어떤 굴욕도 발생하지 않는 교실을 상상할 수 있을까? (온화한 훈육에는 미덕이 있다. 나는 교사가 교실에서 강제할 수밖에 없는 불가피한 규칙들을 변호하고 싶다.) F학점은 굴욕적이다. 완벽주의자에게는 B+가 굴욕적이다. 학생이 **긁히는 감각의 물벼락**을 느끼지 않는다면, **말뚝에 묶여 있다**고 느끼지 않는다면, 나쁜 학점은 굴욕이 아니라 그저 불운일 뿐이다. 내가 학생이었을 때를 생각해보면, 나는 교사가 손을 들고 있는 나를 '지명'해주지 않을 때마다 굴욕을 느꼈다. (**웨인이 수업 시간을 너무 많이 잡아먹는구나. 선생님은 이번에는 샘을 지명해야겠다.**) 교사에게 무시당하는 순간, 나는 삭제당한 육체, 내장을 적출당한 육체가 되었다. (**저런 떠벌이의 말을 우리가 더 들을 필요는 없잖니.**) 팩트: 나는 아마 매일 강의실에서 학생들에게 나도 모르게 굴욕을 가하고 있을 것이다. 그들이 내 얼굴에서 짐 크로 눈총 특유의 비도덕적 무신경함을 증거하는 특징을 감지하는 것은 아닌지 모르겠다. 학생들이 나를 쳐다볼 때 나의 냉담하고 무감각한 가면을 보고 있는 것은 아닌지 모르겠다(그것이 1000분의 1초 동안이라 해도 간담이 서늘해진다).

리버부어스트의 구린내

1.

오늘은 남동생 생일이다. 내가 그에게 무심코 굴욕을 가했다는 느낌이 들 때가 많다. 아니면, 정황이 나를 대신해서 비열한 행동을 하는 것을 내가 그저 지켜보고 있었다는 느낌이 들 때가 많다. 그가 겪은 굴욕들을 구체적으로 서술할 수도 있겠지만, 그렇게 한다면 그를 더욱 괴롭게 하는 일이 될 것이다. 나는 그가 유리 단지에 담긴 거버 이유식을 먹는 것을 질투했다. 나(일곱 살)는 어머니에게 사과주스를 젖병에 담아달라고 요구했다. 쪽쪽이를 요구하기도 했다. 쪽쪽이의 플라스틱 젖꼭지는 부적절한 맛이었다. 그런 유아퇴행이 나에게 굴욕당한 존재의 낙인을 찍었다. 그런 나를 보는 것이 그저 가상의 시선이라 해도 마찬가지였다.

질투는 속을 뒤집어놓는다. 특히 성적 질투가 그렇다. (전 애인은 왜 나를 사랑하지 않나?) 시베리아/하데스 감각. 불타오르고, 얼어붙는다. **그에게 차였다. 내가 사랑하는 그는 완벽하고 대단한 사람인데 나를 아무것도 아닌 사람으로 취급하고 있다.** (너무 추상적인가? 내가 누군가를 상대로 무의미한 연정을 키워나가다가 차였을 때 얼마나 굴욕을 느꼈는지 묘사해보자. 그는 유부남이었고, 내가 그런 호들갑스러운 집착에 빠질 이유는 없었다. 내 짝사랑을 목격한 사람은 아무도 없었으니 굴욕을 느꼈다고 말하는 것은 과장이다. 유일한 구경꾼은 나였다. 하지만 나는 열기/한기 감각에 붙잡혀 있었다. 그의 무관심이 나의 육체를 급속도로 얼렸다가 불로 지졌다는 확신이 있었다.

3.

멜로드라마의 상상 속에서는 거부의 대상이 된다는 설정, 그리고 비천해짐으로써 여주인공이 된다는 설정이 한자리를 차지하고 있다. 내가 잊지 못하는 장면: 주세페 베르디의 오페라 〈라트라비아타〉에서 도박으로 돈을 딴 테너는 전 애인(비올레타라는 이름의 고급 접대녀)에게 그 돈을 집어 던진다. 그렇게 현금을 팽개치듯 내던짐으로써 매춘부라는 그녀의 정체를 까발린다. 합창단(모여 있던 군중)이 바닥에 웅크린 그녀의 가련한 모습을 본다. 한편으로는 테너의 잔인함이 우리의 '동백 아가씨lady of the camellias'에게 굴욕을 가하지만, 다른 한편으로는 그의 격한 행동이 그 자신에게 굴욕을 가한다. 그의 울먹이는 듯한 소토 보체sotto voce 대목은, 팔세토falsetto에 가까운, 곧 남성성을 잃은 듯한 창법이다. 가설: 격한 행동(결핵을 앓는 여자에게 더러운 돈을 집어 던지는 짓)은 성대의 거세로 귀결된다. 이 장면을 목격하는 우리는 여주인공의 이유 있는 자기연민에 반색한다. 그녀가 굴욕을 겪지 않았더라면, 우리는 이렇게 우리의 사랑을 표현할 기회를 잡을 수 없었을 테니까. 굴욕은 애정을 촉발한다. **당신이 천해진 것을 볼 때, 나는 사랑으로 차고 넘친다.** 중요한 질문: 나는 누구에게 동일시하고 있는가. 구경꾼에게? 굴욕당한 여성에게? 접대녀의 얼굴에 돈을 내던지는 진상에게 동일시하고 있는 것은 아니기 바란다.

4.

리어왕이 살해당한 딸의 시체를 안고 무대에 오를 때, 많은 말이 나올 수는 없다. "안 돼, 안 돼, 안 돼, 안 돼, 안 돼"라는 말을 더듬거릴 뿐이다. 리어가 죽을 때, 많은 말이 나올 수는 없다. "이 거친 세상의 고문대에서/이분을 더 잡아 늘이려는 자가 있다면/이분은 그자를 증오할 것이다"라고 한 생존자는 말한다. 리어가 죽은 뒤에도 무대를 떠나지 않는 등장인물들(원한에 사무친 잉여들)의 감정을 상상하는 동안, 우리는 문득 **여파의 위안**에 대한 황량한 통찰을 얻는다. 리어는 딸의 죽음에 경악하지만, 경악한다는 것은 긴장이 풀렸다는 뜻, 경악이 자기를 압도하고 에워싸게 내버려 둔다는 뜻일 수도 있다. 한편 리어의 임종을 지켜보는 사람들은 존재란 고문대 같은 것이라고, 이제 늙은 왕은 고문대에서 잡아 늘여지기를 멈추는 행운을 누리게 되었다고 상상해볼 수도 있다. 이 마지막 장면에서 그는 자신의 어리석은 행동들이 코델리아의 죽음을 초래했다는 것을 굴욕과 함께 깨닫는다. 리어는 바닥으로 추락했지만, 우리는 그의 자리가 높아졌다고, 도덕적 부주의가 초래하는 결과들을 알게 됨으로써 정신적으로는 풍요로워졌다고 생각해볼 수도 있다. 왜 나는 몰락한 남자들에게, 자기의 몰락에 대한 이야기를 멜로드라마처럼 들려주는 남자들에게 사로잡히는 것일까?

5.

셰익스피어는 언어의 본체에 굴욕을 가했다. 그가 영어를 혁신해주기 전까지 영어라는 몸은 빈약했다. 물론 셰익스피어는 영어의 품격을 높여주었으니 그가 영어에 굴욕을 가했다고 말하는 것이 이상할 수도 있다. 하지만 그의 의미론적 대범함 속에서, 그의 청각적 코르누코피아cornucopia(풍요) 속에서 나는 찢어진 상처를 감지한다. 셰익스피어가 어휘론적 선 넘기를 자행할 때(없는 단어를 만들어낼 때, 단순한 생각을 복잡한 음성과 은유로 장식할 때, 모든 감정적 상태를 비유적 언어로 과포화시킬 때), 영어라는 몸은 그의 폭력 행위로 인해 파손된 다. 사례: "웅얼웅얼하는 밀물이/무수한 게으른 자갈에 긁히 고 있지만/이런 높은 곳에서는 들리지 않네요." '웅얼웅얼하 는murmuring'과 '밀물surge'과 '무수한unnumbered'은 'u'와 'm' 과 'r' 소리를 귀에 과잉 공급하고, '게으른idle'과 '자갈pebble' 은 나란히 자갈 효과를 낸다. 완성도 높은 미문답게 저음의 모 음들('웅얼웅얼하는 밀물murmuring surge')이 고음의 모음들('높 은high')로 솟아오른다. 이렇듯 고도의 기교가 정점에 이르는 과정—언어가 찐득해지고 솟아오르고 걸쭉해지는 과정—은 나에게 영어라는 몸을 대상으로 상징적으로 저질러지는 폭력 에 대한 경각심을 불러일으킨다(나는 내 논점을 무리하게 전개 하고 있다). 시적 기세—언어학적 허풍, 음악적 응축—는 모 어母語에 상처를 낸다. '훌륭한' 언어는 상처 입은 언어다. 헐벗 고 메마른 (사뮈엘 베케트의) 언어에도 그런 굴욕이 가해져 있 다. 머리털을 깎인 삼손 같은 언어. 내가 무슨 말을 하는 건지 당신이 이해해주지 않는다면, 나는 굴욕을 느낄 것이다. 내가 의미 전달에 실패했을 때 당신이 내 앞에서 그 실패를 지적한 다면, 당신은 나에게 굴욕을 가한 것이다.

6.

한 편의 소네트에서 굴욕 대 고양의 비율은 8 대 6이다. 8행은 굴욕이고(**나는 사회로부터 버림받았다**), 소네트의 방향이 바뀌고, 후반부 6행은 고양, 곧 심경의 변화다(**나는 이제 우울하지 않다, 나는 내일이면 찾아올 영광을 본다**). 셰익스피어의 소네트「운명의 여신과 사람들에게 버림받고/홀로 내 신세를 한탄할 때」는 아홉번째 행에서 생각을 바꾼다. "그런 생각으로 나 자신을 거의 경멸하던 내가/당신을 생각하노라니 내 이런 처지가/(동트면 날아오르는 종달새처럼/. . .)." 여기서 화자는 애인을 기억해내면서 울적한 외톨이의 기분을 떨쳐내고 있다. 굴욕이 끝나고 있다. 문명사회에서 고통이 어떻게 양식樣式으로 변환되어왔는지에 대해, 그리고 환멸과 위안이 어떻게 내려감과 올라감이라는 두 단계로 정리되어왔는지에 대해 소네트 형식이 무언가를 가르쳐준다는 믿음, 그런 믿음이 우리에게 있다면, 우리는 내려간 기분(버림받은 상태)과 올라간 기분(다시 연결된 상태)의 관계가 비대칭적이라고 믿을 수 있을 것이고, 굴욕이 만회보다 두 행 더 길게 지속된다 해도 어쨌든 굴욕 뒤에는 늘 만회가 따라오리라고 믿을 수 있을 것이다. (우리는 괴로움의 옥타브에 갇힌 채 세스텟을 갈망한다.) 우리가 우리의 굴욕을 이야기로 전환하는 이유, 그것에 대해서 큰 소리로 말하는 이유는 회생을 양식화된 반전, 자연스러운 반전으로 감각하기 위해서다. 우리의 심장은 동트면 날아오르는 종달새 같기에.

7.

앤 섹스턴은 회생에 대해 다른 감각을 갖고 있었다. 그녀는 밀폐된 차고 안에서 자동차 가스를 틀어놓고 기다리는 방식으로 자살했다. 그녀의 시 「죽음 아기The Death Baby」는 굴욕의 유혹(굴욕의 끈적끈적한 매력)에 대한 매우 흥미로운 진술이다. 이 시에서 그녀는 냉장고에 갇혀 있는 꿈을 떠올린다. 그녀는 "리버부어스트의 구린내를 기억한다./내가 접시에 담겨 마요네즈와 베이컨 사이에/놓여 있던 것을 기억한다." 나는 그 냄새, 그 갇혀 있는 감각을 생생하게 상상할 수 있다. 냉동실 선반에 리버부어스트*와 나란히 놓여 있다면 나는 집으로 돌아온 느낌이 들 것 같다. 내게는 원대한 야심이 이렇게 많은데. 내가 원하는 것은 베로키오 또는 티에폴로의 프레스코화 속에서 구름 위를 나는 아기 천사처럼 트랜스 상태에 빠지는 건데. 지금 내 꼴을 봐. 리버부어스트를 옆에 두고 살고 있어. 자아가 끝나는 곳은 늘 헤드치즈의 옆자리, 눌린 동물 내장의 옆자리다. 자아가 늘 인지해야 하는 것은 자아가 잡육(별미-로서의-잡육)을 닮았다는 사실이다.

8.

『공포의 권력』에서 쥘리아 크리스테바는 지배와 종속의 구조

---

* 간으로 만든 소시지의 일종.

가 언어 그 자체에 장착되어 있다는 매우 흥미로운 주장을 펼친다. 그녀에 따르면, '기호'——언어——는 마치 가로선에 의해 분자와 분모로 나뉘는 분수처럼 상층과 하층으로 이루어져 있다. 언어 체계에서는 어형(철자들과 음성들의 집합)이 가로선 위에 올라가 있고, 어의는 밑에 숨어 있다. (내가 크리스테바의 주장을 왜곡하고 있는지도 모르겠다.) 가로선 위의 어형이 가로선 아래의 어의를 차단하고 있다. 지배와 종속의 관계성, (물질로서의, 소리로서의) 어형이 부재중인 어의에 굴욕을 가하고 있음을 암시하는 관계성이다. 어형이라는 단단한 물질적 현존은 어의라는 행방불명된 살점에 굴욕을 가하는 가죽이다(살점은 가죽에서 뜯겨져 나와 로드킬의 잔해처럼 남아 있다). 내가 왜 곧바로 심리나 사건을 다루지 못하고 이런 언어학적인 질문들 주변을 맴돌고 있느냐 하면, 언어와 마주칠 때마다(특히 쓰기나 읽기를 시도할 때마다), 그런 언어적 의사소통 자체가 굴욕과 관계한다는 것을 알게 되기 때문이다. 한 언어를 숙달하려는 시도, 또는 언어를 정확하고 효과적으로 사용하려는 시도에만 굴욕이 있는 것이 아니다. 다른 누군가의 말을 이해하지 못할 때, 또는 이해될 수 있고 이해되고 있는 영역으로부터 추방당한 느낌에만 굴욕이 있는 것은 아니다. 읽거나 쓸 때, 나는 눈에 보이는 물질적 어형과 안 보이게 파묻혀 있는 어의들과의 관계가 굴욕의 흔적을 갖고 있음을 알게 된다. 단어가 승리자라면, 그 단어의 의미, 함의, 관계, 역사는 승리자에게 유린당하고 쓰러져 있는 패배자다. 아니, 단어 그 자체가 피해자, 찌꺼기, 리버부어스트의 구린내로 느껴지기도 한다. 그럴 때는 단어의 의미가 공격당하지 않은 알맹이로서, 아우라로서 단어 전체를 세룰리안블루의 빛으로 감싼다.

9.

글을 쓰는 일의 부적절함이라는 (언어의 필연적 실패라는) 주제로 글을 쓰는 오랜 전통이 있다. 그리고 몇몇 작가들은 말하기나 글쓰기가 어떻게 사람을 무기력과 마비라는 밑바닥 상태로 내동댕이치는가를 주제로 괴로운 사유를, 신체적 통증에 가까운 통증을 유발하는 사유를 전개해왔다(언어를 유희의 대상으로 삼았던, 하지만 그러면서도 언어의 애매함과 어긋남이 살점의 절단과 흡사하다고 여겼던 철학자 비트겐슈타인도 그들 중 하나다). 『논리철학논고』에 나오는 한 무해해 보이는 문장에서 비트겐슈타인은 "구어의 이해를 위한 무언의 조절은 대단히 복잡한 과정이다"라고 말한다. 감정을 드러내지 않는 문장, 굴욕의 경험, 상처의 아픔, 인간 사회에서 홀로 추방당한 느낌과는 무관해 보이는 문장. 하지만 이 간단한 문장 속의 단어들('무언' '조절' '대단' '복잡')은 모국어를 외국어로 느끼는 사람을 실패자로 만드는 고독한 난독의 심연을 가리킨다. 그저 나이외의 한 인간과 간단한 대화를 나누기 위해 우리 모두가 수행하는 그 무언의 조절을, 그 대단히 복잡한 조절을 생각해보

라. 그저 다른 사람들 앞에서 어떻게 처신해야 하는가를 알아 내기 위해 수행해야 하는 그런 조절이 부지불식간에 우리의 평안에 입히는 손해를 생각해보라. 그런 무언의 조절을 수행하지 않았을 때 겪게 될 굴욕을 생각해보라. 언행의 표준화된, 합의된 관용구에 어울리기 위한 그 무언의 조절을 수행하는 데 수반되는 고된 작업을 감당할 기력을 머지않아 잃을지도 모른다는 것을 문득 깨닫는 사람을 생각해보라. 어느 날 잠에서 깨어난 내가 이런 조절을 수행하는 데 흥미를 잃었다면? 그날 이후 내 운명이 될 영속적 굴욕은 어떤 모습일까?

10.

상상의 도서관에 있어야 할 도서: 굴욕 문학의 정전, 곧 굴욕을 당하는 상태나 일부러든 무심코든 독자에게 굴욕을 가하는 상태를 미학적으로 구현하는 문학의 정전. (그 밖에 있어야 할 자료: 굴욕 영화와 굴욕 미술의 정전.) 문학과 미술에서 나는 굴욕을 당한 듯한 작품들, **빼앗긴** 상태, **낮아진** 상태에 있음을 물질적 텍스처(물감, 이미지, 내러티브, 단어, 암시, 동작, 색, 구도)를 통해 증거하는 작품들을 좋아한다. 작가가 비천한 상태를 경험했을 경우, 단어들은 그 상태를 뒤집을 수 있다. 아니면 그 상태를 재연하고 재개할 수 있다. 어쨌든 독자는 거기서 **비천한 상태가 그렇게 끔찍한 일은 아닌 것 같다, 견딜 만한 괴로움인 것 같다, 일상적인 상황인 것 같다**는 느낌을 받는다. 나는 자신만만한 문학이나 자기부죄自己負罪를 면제받은 듯한 문학을 좋아하지 않는다. 문학은 작가가 작품을 쓰는 과정 그 자체로 인해 굴욕당했다는 사실을 증언해야 한다. 언어를 생산하는 일(단어들을 사건으로 만드는 일)은 정액 묻은 내 옷을 법정에서 공개하는 일이나 내 입속을 판사에게 열어 보여주는 일과 마찬가지로 품격을 떨어뜨리는 일이다. 언어는 초월하지 않는다. 모든 문장은 자신만만한 성숙함이라는 충전재와 커버로 구성되어 있다 해도, 우리가 언어를 능숙하게 구사할 수 없었던 그 옛날의 유아기를 증거한다.

11.

크리스테바가 "언어가 침을 흘린다, 대화가 똥을 싼다"라고 쓸 때, 나는 반가워한다. (그녀는 루이-페르디낭 셀린의 소설 『밤 끝으로의 여행』을 묘사하고 있지만, 이 가설은 이 반유대주의 작가의 소설을 넘어 언어 일반에 적용된다. 크리스테바에게 셀린은 비체 문학의 영광을 구현하는 작가다.) 언어가 침을 흘리는 것을 볼 때, 나는 반가워한다. 아니, 그보다는 언어가 '나는 침이다'라고 마지못해 자백하는 것을 볼 때, 나는 반가워한다. 통제되지 않은 언어가 마구 흘러나오는 것을 볼 때, 나는 반가워한다. 규칙들(언어학적 올바름의 규칙들, 성적 올바름의 규칙들)이 뒤집히는 장면을 좋아하는 공동체의 구성원이 되는 것도 반가운 일이다(그런 공동체의 구성원들은 곳곳에 흩어져 있다). 브루스 라브루스의 영화 〈허슬러 화이트〉에서 절단장애인이 애인과의 항문성교 중에 절단된 다리의 남은 부분을 사용하는 장면을 보았을 때(내가 그 장면을 맞게 기억하는 건가?), 나는 '역겨움'을 느끼는 대신 동지애로 가득 찼다. 그렇게 그리니치빌리지의 한 극장에서 생각이 비슷한 변태들에 둘러싸여 있는 것은 반가운 일이었다. 우리는 '정상적인' 관객들이라면 역겨움을 느낄 장면들 앞에서 시원함 — 넓어진 공간, 역량, 두둑함 — 을 느끼는 공동체였다. 그 장면의 절단장애인은 굴욕스러웠을까, 아니면 만족스러웠을까? 그때의 우리를 어떻게 묘사해야 할까? 그때 우리는 절단장애인의 항문성교 장면에서 웃음과 흥분과 **휴식**의 계기를 찾는 청중이었다. 행동의 올바름과 미학적 올바름의 규칙들을 지키는 척하는 평생의 수고, 비트겐슈타인의 표현을 빌리면, '구어'를 이해하고 적절한 성행동을 이해하는 데 필요한 '무언의 조절,' 그 '대단히 복잡한' 조절이라는 평생의 수고에 지친 상태였던 우리는 그 장면에서 속 뚫림 작용의 따뜻한 기운이 온천수처럼 의식 위로 보글보글 올라오는 것을 다 함께 느끼고 있었다. 그러니 참가자로서든 구경꾼으로서든, 굴욕의 퍼포먼스를 즐기는 데 동의한다는 것은 그런 법칙들을 준수하기를 멈추기 위한 역설적 수단일 수 있다. 내가 왜 〈허슬러 화이트〉 이야기를 꺼내느냐 하면, 자기노출이나 민망함처럼 많은 사람들에게 고통스러워 보일 수 있는 상황이 어떤 다른 사람들에게는 동질감, 행복감, 해방감의 계기라는 뜻을 넌지시 전하기 위해서다. 나는 〈브루노〉 또는 〈보랏〉에서 사샤 배런 코언의 괴상한 익살을 볼 때도 그렇게 기운이 샘솟는 느낌을 받는다. 특히 어떤 장면에서 그런 느낌을 받느냐 하면, 그의 공동 주연(꼼지락거리는 뚱뚱한 털북숭이 남자)이 패멀라 앤더슨의 사진 앞에서 자위하다가 그에게 발각당하는 장면에서. '네놈이 감히 패멀라 앞에서 핸드 파티를?' 이 장면은 벌거벗은 두 남자가 호텔 곳곳에서 쫓고 쫓기는 것으로 끝난다. 나는 아티스트와 작가 중에 기꺼이 굴욕을 자초하는 부류, 침 흘리기와 핸드 파티를 비롯한 범칙적인 입장들이 진지한 예술 활동의 결과물일 수 있음을 이해하는 부류와 친하게 지내기를 좋아한다.

12.

로버트 카파의 유명한 사진(1944년)에서, 프랑스 여자가 어린 아들을 품에 안고 마을의 대로를 걷고 있다. 독일인과 동침한 뒤 멸시받는 여자. 삭발형을 받은 여자. 이 아기는 엄마가 당하고 있는, 또는 본인이 당하고 있는 굴욕을 알까? 자신들이 윤리적으로 우월하다고 전적으로 확신하는 저 마을 여자들은 희생양이자 헤스터 프린*인 이 여자를 빤히 쳐다보고 있다. 저 마을 여자들이 지금 무슨 저주의 말을 지껄이고 있는지는 아

---

* 너새니얼 호손의 『주홍글씨』 주인공.

무도 모른다. 조지 엘리엇의 『아담 비드』에서 헤티 소렐은 자기 아기를 죽인다. 당연하다. 미혼모에 점령군 나치의 첩이라고 조리돌림당하느니 영아 살해범이 되는 편이 낫다. 프랑스 시골 마을 주민들의 짐 크로 눈총 앞에서 (그렇게 확고한 윤리적 우월감이 나에게는 파렴치하게만 느껴진다) 여자는 더러운 존재로 정의된다. 삭발형에 처해지고, 유대인 취급을 당하고, 살던 데서 쫓겨난다. 내가 이 사진을 쳐다보는 동안, 여자의 상처가 물리적으로 내 위장에서 느껴진다. 이런 공개 추방을 자행하고 있는 마을 사람들에 대한 복수심으로 불타오르는 격분은 마찬가지로 물리적으로 내 흉부와 신경계에서 느껴진다. 예의 바른 시민들이 못된 짓을 저지르는 것을 볼 때 왜 이렇게 내 감정이 격해지냐 하면, 저들이 보복당해 마땅하리라는 것을, 그리고 내가 그 원수 갚는 분과 같은 편이 되어 저들을 채찍으로 치리라는 것을 알기 때문이다. 저들의 죄악 앞에서 나는 참담함과 벅차오름을 동시에 경험한다. 이 여자를 대신해서 마을 주민들에게 격한 분노를 느끼는 나는, 저 잔인한 사람들이 이제 카파의 카메라에 의해 영원한 굴욕을 맛보게 되었다는 상상 속에서, 징벌이 이토록 지독한 형태로 가시화되고 있다는 것에 충격을 받고, 복수의 격렬한 전율을 맛본다. 사진 속의 이 여자는 아기 예수를 끌어안고 있는 성모 마리아, 아니면 말뚝에 묶여 화형당하는 잔 다르크, 어쨌든 교과서적인 순교자다. 나는 이 불쌍한 여자를 희생 제물로 만들고 있는 마을 사람들을 죽이고 싶고 징벌하고 싶다. 복수하고 싶은 마음, 화나는 마음이 갑자기 나를 격한 감정에 빠뜨린다. 그러면서 나는 깨닫는다. (이 사진에 의해 촉발된) 이 격하게 치밀어 오르는 경악과 분노는 마을 사람들을 향한 나 자신의 공격성에서 기인한다는 것을. 내가 그들을 학살하고 싶어 한다는 것을. 프랑스 여자가 희생 제물이 되는 모습은 나에게 온 마을을 징벌할 기회를 준다. 사진 속의 그 누구도 로버트 카파를 보고 있지 않다. 그는 살던 데서 쫓겨난 여자, 머리가 깎인 채 아기를 안은 여자를 구도의 중심에 놓았다(그 자신은 보이지 않는다). 나는 문득 깨닫는다. 내가 아기일 때의 어머니는 짧은 머리였다는 것을. 그리고 어머니가 독일인과 결혼했다는 것을. 회고의 편린은 여담이 아니다.

13.

〈인형의 계곡〉의 가발 장면(1967년 영화 버전): 여자 화장실에서 패티 듀크가 수전 헤이워드의 가발을 벗겨서 변기에 내려 보내려고 한다. 헤이워드가 망신당하는 걸 목격한 욕실 메이드(동정심 많은 나이 든 여성)는 "당신 같은 대스타한테 이런 끔찍한 짓을 하다니"라고 말한다. 내가 재클린 수전의 소설을 발견한 것은 6학년 때였다. 나는 악몽을 재생하기 위해 가발 장면을 읽고 또 읽었다. 변기는 대변의 집인데, 가발이 갈 곳은 변기가 아닌데. 내가 다닌 초등학교 화장실은 칸막이에

문이 달려 있지 않았기 때문에 나는 학교에서 똥을 싼 적이 한 번도 없었다(위급할 때 한두 번 쌌을 수는 있다). 다른 애들이 나를 쳐다본다는 생각을 견딜 수 없었던 것 같다. 화장실은 어두침침했다. 흐린 전구 하나였나? 지하 감옥 같은 곳, 나에게는 편치 않은 곳이었다. 〈인형의 계곡〉을 볼 때마다 나는 애송이 패티 듀크가 주제넘게 수전 헤이워드의 가발을 벗기는 장면에서 경악에 사로잡힌다. 변기로 추락하는 가발의 공포. 내가 다리 건너기를 무서워했던 것은 그 때문이다. 나는 무게중심을 잃고 차창 밖으로 날아가 금문교 난간 너머 샌프란시스코만으로 추락하는 모습을 상상할 수 있었다. 40년 전(베트남전쟁이 악화일로로 치닫기 직전), 어머니는 벌로 동생의 손목시계를 차창 밖으로 던졌다. 나는 이 문장을 쓰고 있지만, 이 문장을 잘라내고 싶은 마음도 있다. 심리분석에 탐닉하고 있는 내 모습을 들키고 싶지 않기 때문이기도 하고, 까마득한 과거에 낚시를 던지면서 내 불쌍한 어머니를 모욕하고 싶지 않기 때문이기도 하다.

14.

어렸을 때 이웃 여자애가 내 여동생에게 정원용 호스로 굴욕을 가하는 모습을 본 적이 있다. (이 장면이 그저 '차폐 기억'일 뿐, 믿을 만한 기억이 아닐 가능성도 있다.) 그 애는 여동생이 옷을 벗게 만든 다음 여동생 몸에 찬물을 뿌렸다. 나는 그 장면을 지켜보았을 뿐 여동생을 지켜주지 못했다. 그래도 레몬즙을 짜서 그 애의 머리털에 떨어뜨리는 방법으로 간접적 복수에 나섰다. 그 애의 성은 워윅Warwick, 곧 '마법사warlock'와 '마녀witch'를 암시하는 단어였다. 몇 년 뒤, 여동생 머리털에 껌이 붙었다. 껌 뭉치를 제거하기 위해 아버지는 (어머니였나?) 껌 뭉치가 들러붙은 여동생의 머리털을 뭉텅 잘라냈다. 이번 장은 머리털을 잃는 굴욕을 당하는 여자들로 가득하다. 또 하나의 기억: 1학년 때, 같은 반에 아픈 애가 있었는데, 수술 때문이었는지 항암치료 때문이었는지 머리의 반이 대머리였다. 그 애에게 친절을 베푸는 것이 신상에 이로우리라는 교사의 경고가 있었지만, 그 애를 놀리는 무신경한 애도 있었다. 그 애가 오랜만에 학교에 왔을 때 그 애의 머리통 한 부분이 간담을 서늘하게 하는 빈칸이었던 것이 기억난다. 우리 중 하나로 인정받을 가능성이 마치 변기에 빠진 가발처럼 완전히 사라진 것이었다. 머리털이 없는 곳은 정수리였는데, 지금 생각하면 신경계 문제로 인한 탈모가 아니었을까 싶다. 하지만 양손을 허리에 갖다 대고 팔꿈치를 좌우로 펼친 아킴보 자세처럼 양옆에만 머리털이 있는 머리통이 그 당시의 나에게는 우리 중 하나로 인정받고 싶어 하는 그 애의 간절한 몸짓으로 여겨졌다. 그 애의 장기 결석이 다시 시작되었을 때, 우리는 그 애에게 쾌유를 비는 쪽지를 썼고, 그 애의 누나가 숙제를 받으러 왔다. 동생한테서 대머리가 옮았을 것이 틀림없었다. 그 애의 누나가 불쌍하게 느껴졌다. 그 남매의 성씨에는 '넬knell'이라는 음절이 들어 있었는데, 나는 그 음절이 무서웠다. 넬Nell. 넬Knell.* 치욕에 값하는 발음인 듯했다. 내가 그 아픈 애한테 무슨 말을 했던 기억은 안 난다. 그 애의 성이 무서웠던 것, 그 애의 누나가 무서웠던 것, 그 애의 아킴보 머리가 무서웠던 것, 그 애의 불가해한 결석이 무서웠던 것, 그 애의 고립 상태가 무서웠던 것, 교사가 우리의 병문안 쪽지들에 대한 그 애의 답장을 붙여놓은 게시판이 무서웠던 것이 기억날 뿐이다. 그 애는 나의 초기 추방자 가운데 하나였지만, 최초 추방자는 아니었다. 최초는 없다. 그런 추방자들로 이루어진 긴 줄은 시간을 거슬러 내가 태어나기 전의 시대로, 또는 당신이 태어나기 전의 시대로, 또는 율리우스 카이사르의 시대로, 또는 (카인과 아벨이 정말로 존재했다는 것을 증명할 수 있을 경우) 카인과 아벨의 시대로 올라간다. 주님은 카인을 또는 카인이 성심성의껏 준비한 선물을 대수롭지 않게 여겼고, 카인은 화가 나면서 안색이 어두워졌다. 「창세기」에 나오는 말이다. "카인은 몹시 화가 나서, 얼굴빛이 달라졌다."** '안색이 어두워지는' 것에 대해, 그때 카인이 느꼈을 기분에 대해, 그런 일이 인간의 역사

---

* Nell은 찰스 디킨스의 감상적인 소설 『오래된 골동품 상점』에서 죽음을 맞는 착한 소녀의 이름이기도 하고, knell에는 죽음을 알리는 종소리라는 뜻도 있다.

** 「창세기」 4장 5절.

에서 얼마나 일찍부터 있었는지에 대해, 신에게 잘 보이기는 어렵고 굳이 잘 보일 필요도 없다는 것을 카인에게 설명해줄 사람이 아무도 없었다는 것에 대해, 우리는 이제 시간을 두고 곱씹어봐도 좋을 것 같다.

15.

내가 8학년을 마친 여름에 한 여자애와 '데이트'를 하는 동안에는 긴장했을 뿐 안색이 어두워지지는 않았다. 우리에게는 나들이였고, 우리는 오후의 많은 시간을 쇼핑몰에서 보냈다. 어느 가게에서 한 점원이 ('럭키스' 매장에서 아이스크림을 푸는 남자였나?) 나를 여자애로 봤다. "이쪽 아가씨는 어떤 맛을 드실까요?" 여자로 오해받는 것은 굴욕적이었다. '여자애'라는 것이 굴욕적인 정체성이라서가 아니라 그것이 나의 정체성이 아니라서였다. 그는 나를 그렇게 봐서는 안 되었다. 내가 누구인지 (나의 정체성이 무엇인지) 첫눈에 알아보았어야 했다. 하지만 그런 오해보다 더 낯 뜨거웠던 것은 나의 '데이트 상대,' 나의 잠재적 여자 친구가 이 오해, 이 실격을 목격하고 있다는 점이었다. 그 애는 "웨인, 네가 고생이 많다"라는 뜻을 담은 미묘한 미소를 보내주었다. 내가 왜 남자애로 읽히는 데 실패하고 있었는지 잘은 모르겠다. 머리가 길어서? 꽃무늬 셔츠를 입어서? 키가 작아서? 목소리 톤이 높아서? 보디랭귀지가 과하게 열성적이어서? 오후 늦게 그날의 만남이 끝나는 시간이 왔을 때, 나는 '데이트 상대'에게 작별의 키스를 하고 싶었지만 겁이 나서 그냥 내 자전거 옆에 뻘쭘하게 서 있었다. 나는 상체를 숙여 키스하는 장면을 상상했는데, 그 애와 나 사이에 건널 수 없는 강이 흐르는 듯했다. 나는 곧 전화하겠다고 약속했다. 여름이 지났고, 나는 약속을 지키지 않았다. 그 애한테 전화할까 매일 생각했다. 그리고 그렇게 매일 (잡지 광고에서 본) '불워커'의 아이소메트릭 머슬 빌더를 주문할까 (남자애로 읽히려면 그런 노력이 필요하지 않을까) 생각했다. 나는 무성성genderlessness이나 양성성hermaphroditism으로의 급추락을 피하고 싶었고, 내가 그렇게 비존재nothingness로 추락하던 장면을 목격했던 여자애와 그 추락 자체를 결부시키고 있었다 (그 애 이름은 「시편」에 나오는 들꽃 이름이었고, 그 애가 태어난 곳은 독일이었다). 그 애 쪽에서도 굴욕적이라고 느낄 이유가 있었다. 우리가 쇼핑몰에 놀러 갔던 그날, 내가 그 애 집에 간 시간이 거의 정오였는데, 그때 그 친구의 아버지는 잠들어 있었다. 그 애는 아버지가 숙취라서 미안하다고 했다. 숙취 상태의 아버지라는 것이 나에게는 참신한 개념이었다. 럭키스 점원이 나를 여자애로 오해해서 목격자를 난처하게 만들었다는 사실이 나에게 굴욕적이었던 것과 마찬가지로, 숙취 상태의 알코올 중독자 독일인 아버지가 그 애에게는 굴욕적이었을 것이다. 당신에게 이런 이야기를 듣게 해서 미안하다.

당신의 개가 되고 싶은

1.

오늘 아침에 크레이그리스트Craigslist에서 발견한 광고: "털 많은 이탈리아 남자가 너그러운 암캐를 능욕하기를 원함." 그 털보 게시자는 "얼굴 전체를 발로 비비기, 얼굴 깔고 앉기, 침 뱉기, 거칠게 다루기" 서비스를 제공할 용의가 있다. 그는 피학대 쾌락의 비용을 기꺼이 지불할 '암캐'를 찾게 될까? 또 다른 광고: 전화 통화로 본인을 능욕해줄 남자를 구하는 남자의 광고도 있다. "내 고추는 13센티미터에 말라빠졌음. 내가 얼마나 루저이고 푸시인지 말해줄 대물남 구함. 어휘가 풍부해야 하고, 나를 매우 수치스럽게 만들어야 함." 능욕은 전서구처럼 모든 방향으로 여행할 수 있다: 남 → 남, 남 → 여, 여 → 여, 여 → 남. 하지만 역사적으로 (일반화하자면) 여자들이 나쁜 대우를 받는 경우가 더 많았기 때문에 — 망할 가부장제 — 나는 남자가 굽실거릴 때 더 강한 전율을 감지한다. 크레이그리스트에서 어떤 녀석이 모든 젊은 여자를 대상으로 "나를 능욕하고 내 작은 대머리 고추를 능욕할 것"을 주문한다. 그는 솔직한 주문서를 올린다. "제모한 나의 작은 고추를 조롱해줄 여자 구함. 내 고추가 얼마나 작고 한심한지 말해주어야 하고 내 물건에 만족할 여자는 아무도 없을 거라고 말해야 함. 내가 필사적으로 주무르면서 크게 세우려고 할 때, 나를 조롱해야 함. 나에게 아무짝에도 쓸모없는 놈이라고 말해야 하고, 구차하게 변명하는 내 물건에 만족할 여자는 아무도 없을 거라고 말해야 함." 이 녀석은 좋은 작가다. 나는 '구차하게 변명하는 내 물건'이라는 표현에서 거북한 재미를 느낀다. 레저 스포츠로서의 능욕 추구 활동은 멀리서 보면 희극적이다. 하지만 이런 취미 활동에 참여하는 선수들을 가까이에서 보면 지독하게 진지하다.

2.

사드 후작에게 크레이그리스트는 신나는 운동회였을 것이다. 그의 서사시적 일지 『소돔 120일』은 과학적으로는 납득되지 않는 불가해한 방식으로 능욕당하고 고문당하고 황홀해하는 신체 구조의 진수성찬을 독자에게 넌더리 나도록 먹인다. 태양을 응시하다가 눈이 멀어버리는 것과 마찬가지로, 쾌락이라고 일컬어지는 것들을 장황하게 늘어놓는 사드를 읽어나가던 상상력은 과도한 자극에 의해 마비되어간다. 1천번째의

씹, 1천번째의 신체적 유린이 나오는 곳까지 읽어나가면서 너덜너덜해진 여행자는 인간의 신체가 실재하는 작동체라고는 상상할 수 없게 된다. 인체는 허구적 전쟁터인 것만 같고, 여기서는 어떤 유린이든 감정이나 의식 없이 저지를 수 있을 것만 같다. 예를 들어보겠다. "그는 늙은 여자의 손에 매질을 당하는 동시에 늙은 남자의 입에 성기를 삽입하는 동시에 늙은 부부의 딸이 싸는 똥을 자기 입으로 받은 다음에 위치를 바꾼다. 그렇게 모두 차례로 돌아가며 모든 역할을 한다." 사드의 템포는 가든파티에서 크로케 경기를 하듯 위풍당당하다. 각 선수가 차례대로 등장하고, 능욕 가해자가 순식간에 능욕 피해자가 된다. 죽음도 화자의 (그리고 아마도 사드의 이상적 독자의) 평정을 흔들지 못한다. 입에 담지 못할 내용들은 스페인 종교재판과 부헨발트 강제수용소 사이의 어딘가에 놓여 있지만, 사드의 흐름은 막스 오퓔스의 〈라운더바우트〉의 어조(뒤탈 없이 부도덕한 장난스러움)를 들려준다. 사드의 시각화될 수 없는 장난들은 언어의 경계마저 거의 넘는다. "그는 어린 소년의 팔다리를 자르고, 씹하고, 잘 먹이고, 죽지 않게 한다. 팔다리가 몸통에서 아주 바짝 잘린 것은 아니라서 소년은 꽤 오래 살고 있다. 이 의사가 이렇게 꾸준히 씹한 것이 거의 1년째다." 요제프 멩겔레와 제프리 다머가 만난다.* 인체의 한계를 알아

***

* 요제프 멩겔레는 제2차 세계대전 당시 각종 인체실험으로 악명 높았던 나치

보는 사드의 허구적 실험들은 크레이그리스트에 광고를 포스팅하는 마조히스트들의 능욕 요청서와 많이 달라 보일지도 모르지만, 둘 사이에는 어쩔 수 없는 연관성들이 있다. 사드의 고문당한 소년과 사드의 무자비한 의사는 설정일 뿐인 것 같지만——문학적 익살극의 등장인물일 뿐, 인류를 절멸시키기 위한 살인 레시피의 재료들인 것 같지는 않지만——그렇지 않다. 나는 사드 후작을 재미있어하지 않지만, 그가 패륜의 생태를 인정사정없이 정확하게 꿰뚫어 본다는 것은 부정할 수 없다. 참을 수 없는 고통의 전문가인 그의 작업에는 유통기한이 없다. 끔찍하지만 늘 신선하다.

3.

그런데 왜 나는 사드 후작을 읽고 크레이그리스트 능욕 추구자들의 포스팅을 읽으면서 시간을 보내고 있을까? 허공에 대고, 어쩌다 크레이그리스트에 접속한 아무에게나 대고 '당신의 개가 되고 싶다'고 말하는 남자의 포스팅을 왜 나는 베끼고 있을까? 이 유령 같은 인물은 자기에게 무슨 짓이든 해달라고 한다. "당신이 여자라면 무슨 짓을 하건 기꺼이 당할 것이다. 누군가를 학대하고 싶거나 혼내고 능욕하고 싶을 때도 좋

독일의 의사이고, 제프리 다머는 17명을 살해하고 그 인육을 먹기까지 한 미국의 연쇄살인범이다.

고, 누군가가 당신을 쓰다듬어주거나 보살펴줬으면 싶을 때도 좋고, 아니면 그냥 당신이 별로 안 하고 싶은 잡다한 일을 누가 좀 해주었으면 싶을 때도 좋다." 이 남자는 보상의 각본을 가지고 **속 뚫림 작용**을 공연하는 중이라는 것이 아마추어 심리학자(나)의 분석이다. (이 구직자가 진짜 남자라는 것을 우리가 무슨 수로 알겠는가? 온라인에서 남자로 위장하고 있을 뿐일지도 모르는데.) 이 남자는 나쁜 감정을 풀어내기를 원한다. 이 남자는 퇴마를 원한다. 가톨릭 미사 때 신도가 영성체를 통해 과거의 신성한 한 점으로 돌아가는 것과 마찬가지로, 이 남자는 능욕을 자초하는 행위를 통해 과거의 한 점으로 돌아간다. 십자가형, 그리고 그 밖의 지독한 고통들이 그 시간과 관련되어 있을지 모르지만, 어쨌든 그 시간은 신성한 한 점, T. S. 엘리엇의 표현을 빌리면, "끊임없이 움직이는 세계의 고정점"이다. 굴욕의 (조용한, 영원한) 한 점은 결코 변하지 않으니, 우리는 그 안에 다시 들어가볼 수 있을 뿐이다. 또 한 번 그 이상한 호텔에 묵으면서 숙박부에 이름을 올리고 얇은 제병을 먹고 익숙한 맛의 포도주를 마실 수 있을 뿐이다. 영성체는 언제나 가능하다. 굴욕의 대문은 늘 열려 있다. 익숙하게 알고 있는 끔찍한 그곳을 다시 찾아갈 때, (굴욕의 교리를 믿는 사람들은) 구원을 찾을지 모른다.

굴욕은 부처의 네 가지 진리 중 첫번째 진리였다. (마크 엡스타인의 책『생각은 있으나 생각하는 자는 없다: 불교의 관점으로 본 심리치료 *Thoughts without a Thinker: Psychotherapy from a Buddhist Perspective*』는 내가 부처의 가르침을 엿들은 곳 중 하나다. 아직 부처를 직접 만난 적은 없다. 최근에 초대장을 보내보기는 했지만.) 인간으로 ― 육체의 포로로 ― 살아가는 일은 필연적으로 우리를 굴욕에 빠뜨린다. 엡스타인에 따르면, "출생, 노화, 질병, 죽음이 왜 싫은가 하면, 고통을 주기 때문이기도 하지만, 굴욕을 주기 때문이기도 하다." 사드 후작은 그리스도의 문제만으로도 너무 바빴으니, 부처까지 만나지는 않았을 것 같다. 하지만 사드가 격통의 다종성을 충실하게 보여줄 때, 우리는 거기서 굴욕의 불가피성을 눈치챌 수 있다. 마조히스트는 굴욕을 찾아다니는 반면, 비非마조히스트는 굴욕으로부터 도망칠 수 없다. 굴욕과의 친밀성은 우리의 육체에 유구하게 내재하는 속성이다. 굴욕과 쾌감은 대위법의 두 선율이다. 하지만 굴욕이 쌓이고 쌓여 전체가 되어버리면, 위급한 사태가 생긴다. 나는 고문당한 수감자가 어떤 고통을 경험했을지 상상하고 싶지 않다. 예를 들어 (『뉴욕타임스』에 따르면) 이란에서 어떤 수감자들은 "손톱을 뽑히는 고문과 아주 더러운 변기를 핥아야 하는 고문을 당했다." 나는 이런 잔인무도함 앞에서 속 뚫림 작용을 논하겠다는 것도 아니고, 고문당하는 고통 속에서 구원을 찾겠

다는 것도 아니다. 더러운 변기를 핥는 것은 사드에게서 찾을
수 있는 디테일이니, 진정한 사드주의자라면 이것을 어떤 혁
명적이고 유희적인 건축물의 모자이크 타일 한 개라고 여길
수도 있다. 하지만 2009년 7월 29일, 이 디테일은 지어낸 이야
기가 아니다. 이것은 실화다.

5.

그런데 이 실화에서 나는 무슨 의미를 찾아내는가? 왜 나는 당
신에게 이런 디테일을 전하고 싶어 할까를 궁금해할 권리, 굴
욕에 대한 성찰, 굴욕에 대한 논의에 무슨 가치가 있을까를 궁
금해할 권리, 이렇게 굴욕의 특징을 자세하게 설명하는 대신
굴욕으로부터 조용히 도망쳐야 하지 않을까 궁금해할 권리가
당신에게는 있다.

6.

우리는 수감자에게 더러운 변기를 핥을 것을 요구하는 간수가
그 요구로부터 모종의 보상, 쾌감, 만족을 얻고 있으리라고 추
정한다. 우리는 형벌 제도, 국가, 권력 구조가 그런 조치를 통
해 성과(강대화, 확고화, 통합화)를 올리고 있으리라고, 또는
그렇게 믿고 있으리라고 추정한다. 그리고 나는 아마 당신에
게 이 끔찍한 이야기를 다시 들려줌으로써 수사적, 무형적, 이
기적 성과를 올리고 있을 것이다.

7.

굴욕에 대한 논의가 왜 중요하냐는 질문에 대한 우회적인 대답으로, 나는 당신에게 또 하나의 이야기를 들려줄 것이다. 하지만 그에 앞서서, 내가 왜 굴욕을 성찰하고 있는지를 설명하고 싶다. 나는 굴욕이 중요하다는 것을, 굴욕은 지워지지 않는 흔적을 남긴다는 것을 알고 있다. 내가 굴욕을 성찰하는 이유는 그것 말고는 없다. 굴욕이 중요한 건 굴욕이 유익하거나 재미있거나 바람직하기 때문이 아니다. 굴욕에는 지긋지긋하고 참을 수 없는 면이 있을 수 있지만, 거짓말로 꾸며낼 수 없는 면도 있다. 점점 가짜로 채워지는 듯한 세상에서(이런 말은 '요즘 것들'에게 습격당한 옛날 사람의 하소연일까?), 굴욕은 적어도 거짓말하는 것 같지는 않다.

8.

어떤 이야기냐 하면, 감옥에 대한 이야기가 아니라 클래식 음악에 관한 이야기다. 굴욕에 대해 생각하기 시작하면, 자꾸 클래식 음악으로 돌아가게 된다. 클래식 음악의 기량은 즐기기와 미적 도취 위에서 축적될 뿐 아니라 (미연에 방지하거나 참고 견딘) 굴욕 위에서도 축적된다는 것을 이해하기 위해 미하엘 하네케의 〈피아니스트〉를 다시 언급할 필요는 없다 (여기서는 이자벨 위페르가 가학증과 색정증을 앓는 선생님으로 등장한다). 내가 왜 클래식 음악이라는 소재로 자꾸 돌아가느냐 하면, 나의 삶이, 나의 본격적인 삶이, 내가 아직 나의 삶이라고 인지하고 있는 삶이 여기서 시작되었기 때문이다. 어떤 사람이 뭔가 아름다운 것을 만드는 쪽으로 노력해보고 싶을 때 부담감이 어디까지 커질 수 있는지를, 그리고 그런 노력이 실패로 돌아갔을 때 실추와 굴욕이 얼마나 치명적일 수 있는지를 나는 클래식 음악이라는 영역에서 배웠다.

9.

여름음악캠프 선생님들 중에 '이완'에 일가견이 있는 인기 강사가 있었는데, 내가 하려는 이야기는 그녀가 겪은 이야기다. 나에게 그 이야기를 들려준 것은 같은 피아노반 학생이었다. (어깨 긴장은 내 연주를 본 사람들로부터 때로는 격려 조로, 때로는 조롱 조로 수시로 지적을 당하는 심각한 문제였기 때문에 나는 어깨 이완법에 대한 특별한 조언을 얻고자 그 선생님을 한번 찾아가기도 했다.) '이완'에 일가견이 있다는 (캠프의 소문 공장을 통해서가 아니라면 내가 이 사실을 어떻게 알게 되었는지 모르겠다) 그 선생님은 런던에서 한 오케스트라와 슈만의 피아노 협주곡을 협연하면서 데뷔 무대를 치렀다. 적어도 그런 데뷔 무대를 치르려고 했다. 그 선생님이 무대에 올라가 박수 치는 청중에게 허리를 굽혀 인사하고는 피아노 앞에 앉았다. 그런 다음(나에게 이 이야기를 들려주던 학생은 이 대목에서 몸서리쳤다), 건반에 토했다. 그것이 연주회의 끝이었다. 그리고 그것이 그녀의 콘서트 피아니스트 경력의 끝이었다.

10

이 이야기는 위작일지도 모른다. 그녀는 토하지 않았을지도 모른다. 토사물을 손수건으로 닦아내고 연주를 시작했을지도 모른다. 하지만 부처의 첫번째 진리인 고성제苦聖諦와 마찬가지로, 이 이야기는 이 버전 그대로 나에게 중요한 교훈을 주었다. 공연에 대한, 클래식 음악에 대한, 실패와 성공에 대한, 야심에 대한, 몸에 대한 교훈. 몸은 토한다는 교훈. 격리 병실에서만이 아니라 콘서트홀에서도 토한다는 교훈. 클래식 음악은 수월하게 반복될 수 있는 완벽성을 요구한다. 물론 클래식 공연에서는 표현성, 유희성, 즉흥성 같은 미덕들도 중요하다. 하지만 반드시 필요한 것은 완벽성, 곧 극소수에 의해서만 성취될 수 있는 매우 높은 수준의 전문성이다. 우리는 대부분 그렇게 맹렬하고 가혹한 기준을 통과하지 못하고 중도 탈락한다. 신경은 완벽성 숭배를 사보타주한다. 우리가 몸과 무관하고 실패와 무관한 모습으로 등장하고 싶어 하는 바로 그때, 몸은 우리에게 굴욕을 가하거나 굴욕의 위협을 가한다. 이야기 속의 피아니스트는 위장과 소화관이 없는 사람처럼 등장해서 슈만의 피아노 협주곡을 연주하고 싶어 했다. 하지만 그녀의 내장, 그녀의 신경계가 그녀의 야심보다 자기주장이 더 강했다. 그녀의 메스꺼움이―그리고 그녀의 무의식이― 그녀의 음악적 목표들을, 그녀의 슈만 사랑을, 그녀의 연주 기량을 압도했다. 피아노 건반은 마음을 차분하게 하는 오브제다. 특히 상아로 만든 건반은 깨끗하고 눈부시다. 반면, 토사물은 보기 싫고 냄새난다. 눈에 띄면 안 되고 밖으로 나오면 안 되는, 그럼에도 공개적, 가시적 영역으로 쏟아져 나와버린 물질. 토사물은 그런 비체 물질의 완벽한 전형이다. 정신은 다른 사람들이 소비해줄 합당하고 매력 있고 칭찬받을 만한 자아를 구축하기를 원하지만, 몸이 정신의 그런 엄중한 요구에 맞서 자기주장을 펼칠 가능성은 항상 있다. 건반 위의 토사물 — 나에게는 이 이미지가 그 위험한 가능성을 상징한다.

11.

공연의 고성제: 당신은 슈만의 피아노 협주곡을 연주하고 싶을 수 있지만, 그러다가 토할 수도 있다. 그러니 공연이 잘 풀릴 것이라고 확신하지 말라. 칭찬받을 것이라고 기대하지 말라. 실제로 당신은 더러운 물질을 쏟아낼 수 있다. 당신이 토사물을 게워내면, 청중은 그것이 당신의 몸이라고 이해할 것이다. 당신이 건반 위에 쏟아낸 토사물이 바로 당신이다. 그 토사물은 결코 당신에게서 씻겨나가지 않을 것이다. 역사의 마지막 순간까지 당신에게 달라붙어 있을 것이다.

열여섯 살 때, 트럼펫 선생님이 나의 대수롭지 않은 연주 실력에도 불구하고 경솔하게 나에게 일을 잡아준 적이 있었다. 어느 지방 연주단이 어느 공원에서 연주하는 〈'베네치아 사육제' 주제에 의한 판타지와 변주〉에 솔리스트로 참가하는 일이었다. 나는 연주단과의 첫 리허설을 준비하면서 지휘자를 만나 개인 교습 시간을 가졌다(그는 아르투로 토스카니니로 들리는 이름을 가진 이탈리아 남자였다). 마에스트로는 내 연주를 듣더니 문제를 진단하기 시작했다. "너는 벨칸토bel canto에 대한 인지가 없다. 너는 선율을 연주하고 있는 것이 아니다." 나의 호흡이 뇌성마비 환자 같다는 진단도 들었다. 그 처참했던 교습 시간이 있은 직후, 연주단 단장은 나를 해고했다. 그 소식을 선생님에게 들었다. "올여름 최악의 솔리스트가 되고 싶어? 아니잖아." 부모님에게는 잘렸다고 말하지 않았다. 거짓말을 했다. "콘서트가 취소되었어요." **올여름 최악의 솔리스트가 되는** 굴욕은 모면할 수 있었다. 하지만 내가 꼴찌**였으리라는 것**을 알게 되는 굴욕은 모면할 수 없었다. 그것은 '내가 꼴찌였다'는 말의 예의 바른 표현이다. 지금 나는 이 세상에서 가장 큰 상처를 받은 전직 트럼펫 연주자인 척하고 있는 것이 아니다. 그저 한 번의 굴욕에 따라오는 막아낼 수 없는 여파들을 증언하고 있을 뿐이다. 장담컨대, 현세에서 살아가는 대부분의 인간들은—진리를 깨우치지 못한, 영영 깨우치지 못할 수도 있을 우리 인간들은─그런 굴욕적인 후렴구를 날이면 날마다 우리 삶의 배경 음악으로 듣고 있을 것이다.

13.

간결한 구직 광고가 크레이그리스트에 뜬다. 제목은 "저를 능욕해주세요." 본문: "저는 오늘 능욕당하기를 원합니다. 나를 어떻게 하고 싶은지 알려주세요. 읽어주셔서 감사합니다." 구직자는 예의 바른 남자 같다. 그의 피학대 지원서는 싹싹하다. 또 다른 남자는 극한까지 능욕당하기를 원하고 있다. 스물여섯 살의 이탈리아 남자인데, 자기가 당할 내용을 지원서에서 구체적으로 밝히고 있다. "나를 휴식 없이 조롱하고 괴롭혀도 좋다." "내 전신에 오줌을 싸도 좋다." "다른 남자한테 당한 다음 그 남자 정액을 나한테 삼키게 하거나 내 몸에 뿌려도 좋다." "친구들을 불러들여 나를 괴롭히고 조롱하게 해도 좋다." 그는 몸무게가 110킬로그램이다. "나는 철저히 굴욕당하고 통제력을 완전히 상실하기를 원하고 있다"라고 그는 말한다. 보상으로서의 굴욕, 성적 흥분제로서의 굴욕, 심리적 부기로서의 굴욕을 추구하는 남자들이 있다는 것을 당신에게 알려주는 일, 내가 왜 이것이 필요한 일이고 카타르시스를 느끼게 하는 일이라고 여기고 있을까, 나는 아직 잘 모르겠다. 마조히즘의 경제 내부에서는 굴욕을 겪으면 이전 채무를 면제받는다. 스포츠로서의 굴욕, 정신 위생으로서의 굴욕의 추구는 더딘 연습, 정기적인 연습이다. 우리는 이런 연습을 하고 또 한다. 우리의 기량은 리허설 때마다, 오디션 때마다 향상된다. 프로이트라면 이런 행동을 반복강박이라고 불렀을 것이다. 똑같은 행동을 반복하려는 강박적 충동은 쾌락 의지보다 본능을 만족시키는 데 더 유리하다는 것을 (고통스러운 행동에의 충동이라고 해도 마찬가지라는 것을) 그는 인정했다. 조롱과 괴롭힘을 찾는 크레이그리스트 구직자가 본인의 의지를 따르고 있는 것처럼 보일지 모르지만, 프로이트는 우리 중에 자기가 하는 일을 전적으로 통제할 수 있는 사람은 아무도 없다고 주장했다. 우리가 굴욕이라는 지옥 같은 장소를 (속 뚫림 작용이라느니, 구원이라느니, 마취제라느니, '스릴'이라느니 하면서) 자꾸 다시 찾아가는 것은 자유의지와는 무관한 현상일 수 있다.

14.

「매일 우왝Everyday Barf」이라는 대담한 제목의 에세이에서 시인 아일린 마일스는 교실에서 "토 나와"라고 (도발조로) 말하고 교사한테 벌 받았던 때를 기억한다. 그 기억에 따르면, "애들은 교실이 떠나가라 폭소를 터뜨렸다. 자제력을 완전히 상실했다는 느낌, 굴욕적이라는 느낌이 들면서도, 그 단어 하나에 나까지 어마어마하게 웃음이 터져서 코가 막히고 숨이 막혔다." 건반 위에 토를 함으로써 데뷔를 망친 피아니스트가 "토 나와"라고 말했을 때의 마일스와 똑같은 종류의 해방감을 경험했을 것 같지는 않지만, 끔찍한 경험에 가까이 다가가는 것만으로도 (그 경험을 하지 않더라도) 카타르시스를 느낄 수가 있다. 성냥을 만지작거리는 것은 화상을 즐기는 것과는 다르다. 요컨대 우리는 다른 사람들이 수모를 당하는 장면을 구경함으로써 또는 우리 자신이 과거에 겪은 참패를 반추함으로써 변태적 쾌감을 경험해볼 수도 있고, 굴욕을 새로이 자초함으로써 그 경험이 가능한지 실험해볼 수도 있다. 나는 불쑥 "토 나와"라고 말해볼 수 있다. 반 애들의 폭소에는 경멸이 있다. 시샘도 있을 수 있다. 우리 중에는 추방자나 무법자 종족을 선망하는 사람도 있는데, 그런 종족의 일원이 될 자격을 부여하는 것이 굴욕이다. 하지만 우리가 그렇게 쫓겨날 행동을 반복하고 있다 해도 (그리고 그렇게 반복할 때마다 그 장면을 현란한 기교로 장식하고 있다 해도) 우리가 추방자 되기를 선택하고 있는 것은 아니다.

15.

학교에서 두 해 연속으로—3학년 때 한 번, 4학년 때 한 번—토를 했다. 두 번 다 가을이 깊었을 때였고, 오전 중이었다. 두 번 다 현기증과 메스꺼움이 덮쳐옴을 느끼면서 (기절할 것 같은 상태로) 교사용 책상까지 걸어가서 아무 말도 못하고 교사용 쓰레기통 안에 토를 했다. 상체를 숙일 때 보았던 쓰레기통 안이 기억난다. 그 일부가 교사의 책상과 바닥에 튀었던 것도 기억난다. 반 학생들이 폭소를 터뜨린 기억은 없다. 하지만 내 토를 누군가가 (교사가? 수위가?) 닦아내야겠다고 생각한 기억은 난다. 두 번 다 사고 후에 한 동급생이 나를 교장실로 데려갔고, 거기서 한 직원이 어머니한테 전화해 나를 데리러 오라고 했다. 이런 사건들로 인해—오래전의 일이고 대참사는 아니었다—나는 일시적이었다고는 해도, 토하는 애라는 낙인, 치밀어 오르는 역겨움을 사람들 앞에서 숨기지 못하고 더러운 것을 게워 올려서 교실을 망쳐놓은 애라는 낙인에 시달렸다. 이렇듯 사람들 앞에서 토하기라는 끔찍한 사태는 (상징적으로) 당장이라도 터질 수 있는 대참사로서 문명인의 삶에 그림자를 드리우고 있다(지금까지도 나는 세상을 이런 식으로밖에 보지 못하고 있다). 나 자신의 무너짐만을 걱정하고 있는 것이 아니다. 나는 모두의 무너짐을 걱정하고 있다. 나는 **우리 모두의** 자제심 상실을 걱정하고 있다. 문명인이라는 우리의 겉치장—우리가 점잖고 깨끗하다는 환상—은 언제라도 금이 갈 수 있다. 그리고 우리에게 그런 무너짐은 어느 쪽에서든 굴욕적일 것이다. 무너지는 당사자 쪽에서뿐 아니라 그런 배출 장면을, 그런 쓰레기를 지켜볼 수밖에 없는 쪽에서도. 카프카가 죽은 자 가운데서 다시 살아나 나에게 내 인성에 대해 간략히 설명해보라고 한다면, 체내 물질들에 유의하고 섭취와 배출에 신중을 기하는 사람이라는 모범 답안을 제출하지 않을까 싶다. 나는 사람들 앞에서 폭발하는 짓, 사람들 앞에서 통제력을 상실하고 비체로 추락해 더러운 물질을 뿜는 짓을 두 번 다시 저지르지 않았다는 것을 대단하게 생각한다. 또다시 그런 짓을 저지를 바에는 굴속으로 기어 들어가서 사라지는 편이 낫다. 사뮈엘 베케트의 세계에서 거의 말을 잃은 유령처럼. "토하면서 가고. 거기는 아무것도. 거기가 싫고. 토하면서 다시 오고. 몸을 다시. 여기는 아무도. 장소를 다시. 여기는 아무도. 다시 시도하고. 다시 실패하고." 베케트의 노벨라 「최악을 향하여」의 한 대목이다. 여기서 (그리고 다른 곳에서도) 그의 신조는 베이직 블랙: "다시 시도하고. 다시 실패하고. 더 잘 실패하고." 그렇게 '더 잘' 실패한다 해도, 그렇게 참담한 성공의 스파르타식 위안을 내가 믿고 있는지는 잘 모르겠다. 실패는 실패일 뿐이다. 우리는 굴욕으로부터 탈출하려고 시도하고 또 시도한다. 그러다가 몸이라는 감옥으로, 덜컥, 다시 밀어 넣어진다. 몸이라는 무대에서 대본은 절대로 바뀌지 않는다. 대본은 우리더러 실패하라고 하고, 죽으라고 하고, 더럽다고 한다. 쓰레기통으로부터의 탈출은 불가능하다.

혹부리

1.

수전 손택은 타인의 고통을 촬영한 사진을 바라보는 일의 윤리적 복잡함에 대하여 웅변적인 글을 썼다. 세월은 흐르고 그녀도 죽었다. 애니 레보비츠가 그녀의 죽어가는 모습과 그녀의 시신을 사진으로 찍어 출판했다. 바라보기 힘든 사진들이다. 나는 장례를 위해 곱게 치장한 시체 말고는 죽은 몸을 본적이 없었다. 탐미주의자였던 내 친구 존은 에이즈로 죽었고, 나는 그의 시신을 보았다. 그때 말고 시체를 본 것은 두 번이다. 한 번은 친구 글렌(화가)의 어머니, 또 한 번은 친구 라자러스(건축가)의 형. 안나 모포의 장례식에도 갔는데, 그때는 관 뚜껑이 닫혀 있었다. 죽은 손택의 사진들은 나에게 혼란과 공포를 안겨주었다. 그 사진들을 처음 보았을 때 나는 누워 있는 오브제가 죽은 몸이라는 것을 알아보지 못했다. 그저 값비

싼 인체 모형, 아니면 고대 이집트의 유물, 아니면 통나무를 깎아 만든 조각품이라고 생각했다. 그러다가 문득 그 검은 덩어리가 손택이라는 것을 깨달았다. 손택의 아들 데이비드 리프는 그 사진들이 어떤 결과를 초래했는지를『어머니의 죽음 *Swimming in a Sea of Death*』이라는 책에서 설명했다. 그의 표현을 빌리자면, 그의 어머니는 "유명인사의 죽음을 그렇게 카니발처럼 찍는 애니 레보비츠의 사진들에서 그런 식으로 '추모'됨으로써 사후적 굴욕을 겪었다." 리프가 사용한 단어가 '굴욕'이었다는 것은 숙고할 만하다. 사후적 굴욕을 겪는다는 것이 가능할까? 손택은 살아 있지 않으니 치욕스러움을 느끼지도 않을 텐데, 그녀가 굴욕을 당하고 있다고 말할 수 있을까? 질병은 외형을 망가뜨리고, 죽음은 팽창과 변색을 야기한다. 나는 리프의 논점을 이해한다. 내 몸이 흉한 몸, 내가 아닌 것 같은 몸, 인간이 아닌 것 같은 몸이 되었을 때, 내 몸이 신성시되는 쓰레기 덩어리가 되었을 때, 그런 내 몸을 누군가가 보고 있다는 것을 알게 된다면 나는 얼마나 굴욕스러울까 생각해본다. 나는 죽어감과 죽음은 굴욕스러운 것이 맞을까, 굴욕스러운 것이라면 누구에게 굴욕스러운 것일까 자문해보면서(생존자들에게? 목격자들에게?), 손상되거나 장애가 있는 몸에 대한 내 태도를 점검하기 시작한다(그런 몸은 내게 관음증적 호기심과 신체적 공포를 동시에 불러일으키곤 했다). 내가 얼마 전에 식료품점에서 본 여자는 얼굴이 얼룩덜룩하고 '정상적' 얼굴의 두 배 정도로 부어 있었다. 그런 상태를 가리키는 명칭이 무엇인지는 모르겠지만, 그녀의 구두가 한창 유행하는 스타일이었다는 것, 그리고 그녀의 딱 붙는 청바지가 날씬한 허리와 맵시 있는 엉덩이를 돋보이게 하고 있었다는 것은 알겠다. 그때 나는 그녀의 스웨터가 고급 소재(캐시미어?)였다는 것도 알아차렸고, 그러면서 궁금해졌다. 그녀는 다른 사람들의 눈길을 어떻게 감당하는 걸까? 내 어떤 행동이 더 부당한 행동일까? 그녀의 얼굴로부터 눈길 돌리기일까, 아니면 시야에 들어온 그녀의 얼굴로 아무렇지도 않게 시선 보내기(어쩌면 거기서 한 발 더 나아가 미소를 짓거나 눈 맞춤 인사 시도하기)일까? 그때의 내 느낌은(그 느낌이 틀렸든 맞았든), 내가 외형적 장애가 없는 사람, 곧 외모에 자의식과 자괴감을 갖고 있을 수는 있겠지만 어쨌든 의학적으로 공인된 기형성을 갖고 있지는 않은 사람으로서 그 식료품점에 있다는 것 자체가 그 여자의 굴욕을 심화시키고 있다는 것이었다. 그러면서 나는 내 성장기에 이웃에 살던 이상한 애freakish kid에 대한 기억을 떠올렸다. 그 아이는 턱이 불룩 튀어나와 있었고(아랫입술과 턱 사이에 골프공이 들어 있는 것 같았다), 그래서 내 동생과 나는 그 아이를 혹부리라고 불렀다. '세이프웨이' 슈퍼마켓에 갔다가 자기 어머니를 따라온 혹부리를 얼핏 보게 되는 때가 있었는데, 그때마다 나는 겁이 나서 그 아이를 똑바로 볼 수가 없었다. 내가 그 아이의 존재를 인정하면, 왠지 그의 기형이 내게 전염될 것만 같았다. 나는 그 애에게 '지체retarded'도 있었는지 아니면 단순히 '기형deformed'만 있었는지 잘 몰랐지만, 나라는 존재가 그 아이에게 알게 모르게 굴욕을 가하는 사회적 엔진의 일부라는 것은 알고 있었다. "저기! 혹부리다!"라는 나의 말을 그 아이가 들은 적이 없더라도, 아랫입술을 쭉 내밀고 그 밑 공간에 혀를 밀어 넣어 턱의 한 부분이 개 주둥이처럼 툭 튀어나오게 하면서 혹부리 흉내를 내는 내 웃긴 모습을 그 아이가 본 적이 없더라도, 내가 그 엔진의 일부라는 사실은 변하지 않는다.

2.

앞서 나는 굴욕이 언제나 삼각관계(가해자, 피해자, 목격자)라고 말했다. 손택의 사진의 경우, 사진가(레보비츠)는 가해를 의도하지 않은 가해자, 손택은 피해자, 우리(사진을 보는 사람들)는 목격자들이다. 하지만 굴욕은 손택의 육체 안에서 일어나는 것이 아니라(손택의 육체는 이제 없다) 우리의 육체 안에서 일어난다. 이 경우 굴욕은, 실제로 발생한 사건이 아니라, 추측과 여파로 이루어진 자욱한 먹구름, 격분과 고통으로 이루어진 막연한 분위기다. 우리는 때때로 '굴욕'이라는 단어를 그저 수사적으로 사용한다. 그런 괴로움이 그 순간의 현재적 경험이 아님에도, 그런 괴로움이 닥칠 가능성을 묘사하기 위해 이 단어를 사용하는 경우가 있다는 것이다. 굴욕을 그런 의미로 사용하는 경우, 굴욕을 논의하거나 측정하거나 상상하거나 저울질하기는 불가능하다. 내가 식료품점에서 장애 여성을 보았을 때, 실제로는 굴욕이 존재하지 않았다. 이 경우 굴욕은, 폭력이나 모욕이나 배척의 형태로 발생해버린 장면이 아니라, 누군가가 이 여성에게 굴욕을 가할지도 모른다는 의미에서 앞으로 발생할지도 모르는 위험일 뿐이었다. 취약함은 그녀의 머리 위에 무겁게 드리워진 구름이었고(비를 몰고 오는 먹구름이 그녀의 머리 위에 상시 드리워져 있었다고 해야 할 것이다), 당장이라도 쏟아질 것만 같은 비는 굴욕이었다. 비가 쏟아지는 일은 일어나지 않은 것 같았지만, 나는 쏟아지는 비를 막을 힘이 없었다. 내가 식료품점 여성에게 굴욕을 가하지는 않았지만, 내가 그녀의 취약함을 목격했다는 것 자체가 내게 쏟아진 거북함의 소낙비였다. 그녀의 굴욕이 목격자인 내게 '전염'되고 있는 것 같았다. 아니, 그보다는 그녀의 것이 아닌 굴욕을 내가 그녀에게 뒤집어씌우고 있었다. 나를 짓누르는 두려움들을 이렇게 나는 낯선 타인에게 떠넘긴다.

3.

이제부터는 린치 사진을 살펴보겠다(독자의 양해를 구하지는 않겠지만, 두려움이 크다). 린치 사진이란 흑인 남자들의 (때로는 흑인 여자들의) 지독하게 매질당하고 불태워지고 난도질당하고 절단당한 시체들을 촬영한 남부의 기념사진이다. 이렇게 끔찍한 사진들이 존재한다는 것은 백인들이 훼손당한 시체 옆에 기꺼이 서 있었다는 증거, 백인 가해자들과 백인 방관자들이 살해 행위와 승리를 뽐내는 행위에 자부심을 느꼈다는 증거다. (나는 글을 쓰다 말고 사진을 다시 바라본다. 계속 바라본다. 더 오래 바라볼수록 내 어휘력은 더 부족해진다.) 백인들이 이런 일—고문과 살해—을 기념할 만한 행사이자 보도할 만한 사건으로 여겼다는 것을 이런 사진들이 보여주고 있다. '굴욕'은 린치의 극악무도함을 묘사하기에는 부적절한 단어인 것 같지만, 고문과 신체 절단이 끝나기 전까지(몇 시간씩 안 끝나는 경우도 있었다), 공인받은 집단 사디즘 활동이 끝나기 전까지(물론 이런 잔혹 행위의 영향은 끝나는 일 없이 계속 이어질 테지만), 살인자들 사이에서는 굴욕을 가하고 싶다는 욕망도 살인의 동기 중 하나였으리라. 린치 사진은, 사진을 본다는 것의 의미, 미국인이라는 것의 의미에 의문을 제기하는 극한 사례로서, 백인 국가의 공포정치를 기록화하고 영구화한다. 흑인들을 거꾸러뜨리는 일, 그들의 종속 상태를 선전하고 강화하는 일, 흑인들을 '탈주체화'하고 그들의 굴욕을 영구화하고 해방을 가로막는 일이 린치 사진에 의해 계속 진행된다. 린치 사진은 모욕 행위와 폭력 행위를 기록하는 데 그치지 않는다. 린치 사진은 그런 행위로 인한 손상 작용을 수행하고 연장한다. 참상을 또 한 번 발생하게 한다. 죽어가는 몸들, 죽은 몸들을 찍은 사진이지만, 사진 그 자체는 살아 있다. 린치 사진을 잠재우기는 불가능하다. 힐튼 알스는 『성역은 없다: 미국의 린치 사진Without Sanctuary: Lynching Photography in America』에 실린「GWTW」라는 에세이에서, 린치 사진과 백인들로부터 눈총받기라는 본인의 경험이 어떻게 관련되어 있다고 생각하는지 숨김없이 털어놓는다. 알스: "이런 사진들에서 자료화된 사람들과 나의 커다란 차이는, 물론, 나는 죽은 사람이 아니라는 것, 나는 린치당하거나 머리 가죽이 벗겨지거나 불태워지거나 매질당하거나 돌팔매질당한 적이 없다는 것이다. 하지만 나도 눈총을 받은 적이 있다. 사람들로부터 눈총을 받는 것, 나를 쳐다보는 사람들의 눈 속에서 해로움을 감지하는 것―그것은 여기 있는 이 사람들 같은 죽은 깜둥이가 되는 것의 서곡이다. '깜둥이nigger'라는 단어에는 현실적 린치에 선행하는 형이상학적 린치의 의미가 포함되어 있다는 것을, 사람들은 그런 이유에서 이 단어를 쓴다는 것을 나는 사람들의 눈총을 경험함으로써 비로소 이해할 수 있었다. 나도 이 글에서 이 단어를 그 의미로 사용하고 있다." 그는 잔인한 눈총에 시달리면서 "사람들의 눈 속에서 해로움"을 감지했다. 눈과 눈이 마주치는 순간, 그에게는 경고가 주어진 셈이었다. 하찮은 존재로 취급받는 순간, 상대방이 나를 사람으로 보지 않고 썩은 고깃덩어리로, 없어져야 할 혹으로, 언젠가는 죽을 시체로 보고 있음을 깨닫는 순간―그 순간을 나는 짐 크로 눈총이라고 불렀다. 짐 크로 눈총이 내 몸의 가치를 깎아내릴 때, 나는 형언할 수 없이 낮은 곳으로 돌이킬 수 없이 끌려 내려온다(그곳은 인간의 밑바닥보다도 낮은 곳이라서, 다시 올라설 기회는 영영 없을 것이다). 케임브리지 경찰이 자기 집에 들어가는 하버드 교수 헨리 루이스 게이츠 주니어를 체포했을 때(게이츠가 강도라고 생각한 이웃이 경찰에 신고했다), 밥 허버트는 『뉴욕타임스』사설에서 "이 나라에서 흑인들은 아무 이유 없이 경찰관들에 의해 멈춰 세워지고 수색당하고 괴롭힘당하고 공개적으로 굴욕당하고 폭행당하고 체포당하고 때로 살해당한다"라고 썼다. 미국에서 흑인의 굴욕은 일종의 시스템이고, 이 시스템은 감옥, 경찰, 병원, 학교를 포함하는 먹이 사슬이다. 당신이 누구든 당신도 이 굴욕 생태계의 일원이다. 나도 이 굴욕 생태계의 일원이다. 유감스럽지만 어떤 흑인은 내 눈을 보면서 해로움을 상상할 수 있을 것이고, 비非승인, 묵살, 공포, 당혹, 동경, 동일시, 호기심을 감지할 수도 있을 것이다. 지금까지 내가 흑인들을 그렇게 죄스러운 방식으로 쳐다보았으니, 나에게 그럴 의도나 그런 자각이 없었다고 해도 내 얼굴과 내 몸에는 **흑인을 쳐다보는 백인**이라는 윤리적 수렁의 흔적이 남아 있다. 게다가 내 얼굴과 내 몸은 **흑인을 쳐다보는 백인**이라는 그 절대적 흔적을 제거할 방법을 많이 가지고 있지 않기 때문에, 내 시선은 짐 크로 눈총이 되거나 짐 크로 눈총의 역사를 고스란히 물려받은 시선이 되고, 내 눈은 친절한 눈이든, 궁금해하는 눈이든, 무심한 눈이든, 자기가 어떤 눈인지 알지 못하는 눈이든 상관없이 굴욕의 수레바퀴를 또 한 번 돌아가게 한다. 내

보행과 시선에는 수치심과 죄책감을 피하지 못하는 사람의 태도, 이렇게 쳐다보고 있는 얼굴이 이런 백인의 얼굴이라는 이유만으로도 자기가 문제의 원인이 됨을 알고 있는 사람의 태도, 자기가 다른 사람들에게 굴욕을 가하는 일에 연루되어 있음을 알고 있는 사람의 태도가 배어 있다. 나의 얼굴처럼 1킬로미터 밖에서도 아슈케나즈 유대인이라는 것을 알아볼 수 있는 얼굴도, 이 편견의 역사에서 적어도 당장은 백인성白人性을 몰수당하지 않는다.

4.

나는 4년 동안 캘리포니아 교외 지역에서 공립고등학교를 다녔는데, 내 기억에 흑인 학생은 한 명뿐이었다. 더 있었을지도 모르지만 기억나는 것은 한 명뿐이다. 조용한 여자애였고 멋진 스웨터를 입고 다니던 것이 기억나는데, 피부색은 많이 검지 않고 그저 약간 검은 정도였다. 그 아이는 1, 2년 뒤 사라졌다. 다른 학교로 전학을 갔거나 온 가족이 이사를 갔을 것으로 짐작된다. 이렇듯 나는 고등학교 때의 인구통계를 기억하면서 아무 감정도 우려도 없이 무심하다. 지금 나는 그 기억 자체에 놀라기보다 그 무심함에 놀란다.

5.

내가 초등학교 1학년 때였나 2학년 때였나, 누가 시키지도 않앉는데 작은 책 한 권을 썼다. 아이디어가 떠오른 것은 해리엇 터브먼의 전기를 읽고 나서였다. 감독관이 터브먼을 모루로 내리쳐 그녀의 이마에 움푹한 자국을 남기는 장면이 나의 상상력에 움푹한 자국을 남겼던 것이다. 나는 그 모루의 무게를 상상할 수 있었고, 그녀의 머리뼈에 남은 움푹한 자국이 영영 없어지지 않는 것을 상상할 수 있었다. 그 무거운 모루가 내 위로 뚝 떨어지는 느낌도 거의 상상할 수 있었다. 나는 이야기를 쓰고, 그림을 몇 장 그리고, 표지를 만들고, 낱장 종이들을 스테이플러로 찍고, 그것을 책이라고 생각했다. 나는 책 제목을 '노예 생활은 끔찍해Awful'로 하고 싶었지만, 형용사 철자를 틀렸다. 그래서 '노예 생활은 어음보증Aval'이라는 제목이 되어버렸다. '끔찍해awful'가 '모루anvil'에 더 가까워지게 만들려고 했던 것인지도 모르겠다. 내가 굴욕에 대해 궁금해하는 것은 지금도 마찬가지지만, 그때 나에게는 고통과 훼손의 전형적인 사례들—노예의 이마 위로 떨어지는 모루—이 일상적인 굴욕들의 극단적인 우화들로 느껴졌다. 해리엇 터브먼을 자존감에 상처 입는 일상의 우화로 간주한다는 것은 윤리적으로 염치없는 짓이었지만, 내가 했던 것이 바로 그런 짓이었다. 초등학교 6학년 때도 비슷했다. 교사가 랭스턴 휴스의 시 「나 또한 미국을 노래한다I, Too, Sing America」를 낭송할 때(교사는 백인 여성이었는데, 할렘에서 가르친 적이 있다는 것이 본인의 말이었다), 나는 시인이 다루고 있는 곤란함을 나 자신이 겪는 곤란함으로 받아들였다. 그가 "나는 더 검은 형제다"라고 말할 때, 나는 그 말을 귀담아들었다. 나는 생각했다. **나는 남자 형제가 두 명 있고, 내 피부는 걔네보다 좀더 검은 편이잖아. 그러니까 나도 '더 검은 형제'잖아.** 휴스의 시에는 검은 편인 형제가 "사람들이 왔을 때/주방에서" 식사를 한다는 내용도 있었다. 그때 우리 가족은 삼시 세끼를 주방에서, 흰색 포마이카 소재의 주방 카운터에서 해결하고 있었기 때문에, 사람들이 왔을 때 식사 장소가 주방이어야 했다는 것을 휴스가 왜 강조하고 있는지 알 수가 없었다. 다이닝룸이 뭔지 아직 모르던 때였다. 은유가 뭔지도 모르던 때였다.

6.

우리는 다른 사람들이 겪는 시련을 우리 자신이 겪는 비교적 사소한 굴욕의 상징으로서 중요시한다. 기독교도는 그리스도가 당한 십자가 처형을 눈여겨보면서 해석적, 상상적 자유를 발휘한다. 어느 기독교도는 말한다. "내가 지금 십자가에 못 박히고 있는 것은 아니지만, 이번에 걸린 감기는—이번에 당한 이혼은—이번에 당한 압류는—이번에 걸린 소송은—이번에 당한 수모는 골고다 언덕의 느낌이다." 내가 결국 죽으리라는 사실을 아는 것 자체가 어쩌면 십자가에 못 박히는 느낌일 수 있다. 내가 퉁퉁 붓고 흉하게 망가진 시체가 되리라는 사실, 나를 신경 쓰지 않는 누군가(병원 직원, 장의사, 상속자)

가 나의 죽은 몸을 죽은 몸이 가야 할 자리로 이동시키리라는 사실, 그 사실을 아는 것, 나를 처음 본 사람이, 아니면 내 애인이 내 몸에서 역겨운 냄새가 난다고 하면서 내 몸을 얼른 치워버리고 싶다고 하는 날이 오리라는 사실을 아는 것 자체가 어쩌면 그리스도의 린치를 나의 문제로 받아들이는 한 방법일 수 있다. 종교를 향하는 마음——고통 속에서 구원을 읽어내고 싶은 마음(굴욕의 연금술, 굴욕의 가치화가 가능하리라는 상상)——은 낮은 편과 높은 편, 좌와 우, 망가진 것과 온전한 것 사이에서 상응 관계를 찾고 싶다는 전적으로 인간적인 소망의 발현이다. 작은 사건의 의미는 더 큰 사건 옆에 놓일 때 밝혀질 수 있다. 우리가 종교인이든 아니든, 의미를 그런 방법으로 찾고 싶어 하는 것이 잘못은 아니다.

7.

나는 7학년 때 어머니의 권유로 리처드 라이트의 『흑인 소년 *Black Boy*』을 읽었다. 어머니는 내가 했던 나쁜 선택으로부터 나를 구해주려 하고 있었다. 그때 나는 이미 다른 책을 선택해 다 읽고 독후감까지 쓴 상태였다. 내가 선택했던 책은 『공포의 25시 *See No Evil*』라는, 미아 패로가 맹인 여성을 연기한 영화를 각색한 소설이었다. (〈어두워질 때까지〉의 오드리 햅번이 떠올랐기 때문일까? 영화 속의 고혹적이고 수척한 맹인 여성들은 공포에 휩싸인 영혼, 감옥 같은 몸속에서 평생 살아가야 하는 영혼이 겪는 고통의 성격을 잘 보여주는 상징적 존재들이라는 것이 그때의 생각이었다.) 어머니는 말했다. "『공포의 25시』는 책이 아니잖아. 영화가 원작이잖아. 그런 거 읽지 말고 『흑인 소년』 읽어." 『공포의 25시』가 독후감 과제로 적합하다고 생각할 정도로 형편없는 취향을 가지고 있었다는 것에 수치심을 느낀 나는 그때 우리 집이었던 트랙트 하우스의 뒤뜰에서 『흑인 소년』 읽기에 덤벼들었다. 잔디 위에 드러누운 나는 어린아이인 화자의 괴로움과 수치심에 빠져들었다. 동일시는 즉시 작동했다. 화자가 이 책의 첫 장면에서 "불타는 커튼은 어떤 모습일지 보고 싶"다는 이유만으로 의도치 않게 집에 불을 지를 때, 그러면서 "내가 한 일은 은폐할 수도 부인할 수 없는 나쁜 일"이라는 것을 깨달을 때, 어린아이 상태의 본질 중 하나가 굴욕이라고 믿고 있던 나는 리처드 라이트의 실화 失火 행위와 여기서 비롯된 그의 원죄의식("내가 한 일은 나쁜 일이었다")을 어린아이라는 굴욕의 상징으로 받아들였다. 나중에 라이트는 자기가 앞으로 마주칠 더 큰 굴욕들은 어머니로부터가 아니라 백인 세계로부터 온다는 것을 배우게 되고, "백인들을 관망하는 방법, 그들의 움직임 하나하나, 찰나의 표정 하나하나를 관찰하는 방법, 말로 표현된 것들과 말로 표현되지 않고 남겨진 것들을 해석하는 방법"을 알게 되는데, 그 대목에서 나는 그의 경계심이 이해가 되었고, 『흑인 소년』이 나를 약자의식(세계가 당신의 존재를 못마땅해하리라는 가정하에 세계를 바라보는 느낌)으로 인도하는 길잡이가 되어줄 수 있겠다는 (십중팔구 잘못된) 예감이 들었다. 리처드 라이트의 화자는 안경 회사에서 일하다가 백인 동료들의 괴롭힘으로 일을 그만두는데, 그때 그가 굴욕을 느끼게 되는 것은 '백인 속기사'의 시선 때문이다. 리처드는 자기를 그런 시선으로 쳐다보고 있는 상사에게 백인 동료들의 인종차별적 괴롭힘에 대한 이야기를 꺼내기가 두려운 나머지 아무 변명도 하지 못한다. "백인 속기사는 휘둥그레진 눈으로 나를 쳐다보았고, 나는 수치심에 흠뻑 적셔지는 느낌, 나의 영혼까지 발가벗겨지는 느낌이었다. 나의 온 존재를 유린당했다는 느낌이 들었고, 나는 나 자신의 두려움이 그 유린에 일조했다는 것을 알고 있었다." 이 느낌은 앞에서 내가 '내면의 주름'이라는 말로 표현해보려고 했던 그 느낌, 끔찍한 내면적 좌절감, 곧 자기혐오감이다. 라이트는 이 굴욕 장면이 초래한 결과를 중요하게 기록하고 있다. "그 후 몇 주 동안, 나는 내 느낌들을 믿을 수 없었다. 내 인격은 굼뜨고, 헐겁고 물컹한 상태로 마비되어 있었다. 나는 비非남성non-man(자기가 인간이라는 어렴풋한 인식과 인간이 아니라는 감각을 동시에 가지고 있는 존재)이었다." 지금 우리는 이런 상태를 외상 후 쇼크라고 부르는 듯하다. 하지만 이런 상태는 아직 외상 후 상태가 아니다. 외상은 수십 년이 흘러도 사라지지 않을 것이다. 어린 시절의 나는 이렇듯 리처드 라이트와 해리엇 터브먼을 내가 느낀 하찮은 굴욕의 극대화 작업에 이용했다. 윤리적으로 염치없는 이런 습관과의 씨름을 나는 아직 끝내지 못했다. '나는 시체구나'(혹은 '내가 시체로 보이는 구나') 하는 느낌, 굴욕의 경험과 분리될 수 없을 듯한 죽어 있는 기분에 내가 정확하게 닿았느냐 하면 그것도 아니다.『흑인 소년』을 처음 읽던 그때, 내가 성소수자 집단의 일원이라고 생각하지는 않았다. 하지만 스스로를 낯설어하는 몸 안에 들어와 있다는 느낌은 있었다. 그 몸의 형태와 외관을 거북해했고, 그 몸의 자잘한 감각들(손끝 감각, 온도, 질감, 맛)에는 과도하게 예민한 데 비해 그것을 제외한 그 몸의 안팎 모든 것에는 무감각했다. 그때 내가 너무 무감각한 상태였던 탓에, 지금 나는 그 살아 있음-속-죽어 있음의 경험을 어떻게 다루어야 할지 전혀 갈피도 못 잡고 있다. 아니면 그때 나는 내 주변의 다른 사람들도 다들 자기에게 무감각한 상태라는 사실, 그들이 다른 사람들에게, 나에게 무감각한 것—적어도 때때로 잠깐씩 무감각해지는 것—은 그 때문이라는 사실을 어린아이로서 감지하고 있었을까?

8.

남자 동성애자 네 명이 1977년 디모인에서 TV 기자회견을 하는 동성애 혐오자 애니타 브라이언트의 얼굴에 파이를 던지는 동영상을 나는 유튜브로 여러 번 보았다. 파이 투척 사건 직전, 그녀는 자기가 동성애자 척결 운동을 어떻게 이끌고 있는지 자신만만하게 설명하고 있다. 수염을 기른 활동가가 브라이언트의 얼굴에—소리가 들릴 정도로, 세게—파이를 던졌을 때, 그녀는 "이것은 적어도 과일 파이군요"라고 말하고는 고개를 숙이고 하나님께 간구한다. "하나님 아버지 […] 저 남자를 저런 변태적 라이프스타일로부터 구원하옵소서." 하지만 과일 파이의 크림 덩어리들이 얼굴에서 뚝뚝 흘러내리자 그녀는 울기 시작한다. 나는 애니타 브라이언트의 팬이 아니다. 그녀는 퀴어들에게 해를 끼쳤다. 하지만 나는 과일 파이가 그녀의 무방비한 얼굴에 투척되는 장면을 보면서 몸이 움츠러든다. 갑자기 그녀는 진저리나는 안티-게이 활동가이기를 멈춘다. 갑자기 그녀는 피해자, 낯선 남자에게 폭행당한 여자가 된다. 파이에 토핑된 흰 크림이 그녀의 얼굴 전체에 발려져 있다(면도 크림 같기도 하고, 광대 분장 같기도 하다). 불과 몇 초 전만 해도 그녀는 틀려먹은 생각에 빠져 틀려먹은 행동을 하는 편견꾼이었는데, 어느새 치욕당한 여자가 되어 사람들 앞에서 흐느끼고 있다. 누군가가 내게 파이를 던진다면 얼마나 끔찍할지 상상이 된다. 파이를 던지는 손의 원동력이었던 공격성과 증오심이 크림과 치욕을 뒤집어쓴 내 얼굴의 모세혈관 하나하나에서 느껴질 것이다. 내가 사형 제도를 믿지 않는 이유도 여기 있다. 살인범이 전기처형을 앞두고 굴욕과 공포로 엉엉 울면서 벌벌 떨고 있다면, 나는 무조건 관대한 처분을 내려줄 것 같다. 애니타 브라이언트는 오렌지주스 광고로 얻은

명성("'플로리다 선샤인 트리'로 오세요")을 유해하게 이용했지만, 파이로 얼굴을 얻어맞고 흐느끼는 동안에는 섬뜩한 인간 구경거리, 흰 똥을 더럽게 처바른 흰 몸이 된다. 애니타 브라이언트가 울음을 터뜨리는 그 끔찍한 순간, 그녀를 조준하고 있는 나의 공격성이 갑자기 나에게 죄의식을 안겨준다. 어떤 사람에게 벌이 내려지는 것을 보고 싶은 마음일 때조차, 실제로 징계 조치가 취해지면 죄의식이 느껴진다. 남동생과 여동생의 흐느낌 소리가 들려올 때, 내 속이 뒤집히는 느낌이 들었던 것이 기억난다. 남동생과 여동생이 벌을 받았다면서 흐느끼는 소리가 들려올 때('벌'이라고는 해도 체벌은 아니었다), 내 속에 '내면의 주름'(혐오라는 주름 잡힌 솔기)이 생기는 느낌이 들었던 것이 기억난다. 어머니가 자기 인생이 더 이상 자기 것이 아닌 것 같다면서 흐느끼는 소리를 들었던 것도 기억난다. 어머니가 자기 삶에 대한 권리를 박탈당한 것이 내 책임이라는 느낌이 들었다. 그 직전에 잠깐 어머니를 미워하는 마음, 어머니가 죽기를 바라는 마음이 들었을 수 있겠지만, 어머니의 (화가 섞여 있기는 하지만) 슬픈 울음소리를 들었을 때는 내 품행 장애가 어머니를 망가뜨렸다는 생각이 들었고, 그 사실을 알게 되었다는 데서 굴욕을 느꼈다. 어머니의 눈물, 내가 도발하고 목격하고 음미하고 안타까워한 그 눈물의 끈끈함과 더러움 속으로 끌려 내려가는 느낌이었다.

다섯 시의 그림자

1.

지금은 종영된 리얼리티 TV쇼 〈더 스완〉의 에피소드 몇 편을 연속 시청하고 나니, 몸이 넌더리를 낸다. 나도 내 외모가 마음에 들지 않는 경우가 자주 있지만(얼마 전에 쓰다 만 시에서 고백한 대로다. "내 코, 턱, 목, 뺨, 머리카락: 괜찮은 곳이 하나도 없음"), 평소에 이런 결함들을 굴욕스러워하지는 않는다. 하지만 〈더 스완〉에 출연하겠다는 결정을 내리는 여자들은 자기 몸을 굴욕스러워한다. 성형수술 동의서에 서명하고 수술 과정과 회복 과정을 카메라 앞에서 진행하는 여자들. 개조된 "미운오리새끼들"의 미인 대회에서 경쟁력을 갖추기 위해 복벽 성형과 광대뼈 임플란트, 이마거상술을 선택하는 여자들. "나는 못생긴 거 같거든요"라고 누군가 말한다. 그러면 성형외과 의사가 공언한다. "마니의 얼굴에는 피곤한 룩look이 있네요.

[…] 종아리에는 라인이 부족하고요." 의료윤리는 전혀 찾아볼 수 없다. "던에게는 여성화 대책이 더 필요하잖아요. 이 수술의 목표도 거기 있습니다. 우리가 그 목표를 성취한다면, 그녀는 정말 예쁜 아가씨가 될 수 있습니다." 나는 남성화 대책이 더 필요하지만, 아무도 나에게 성형수술을 권하지 않았다. 성장기에 신을 향한 나의 주된 불만은 내가 유대인이라는 것과 키가 작다는 것이었고, 둘 다 수술로는 고칠 수 없는 속성이었다. 하지만 곱슬머리―수치심의 원천―를 스트레이트 헤어로 바꾸는 데는 열심이었다(밤에는 비니 캡을 썼고, 낮 동안에는 자꾸 꼬부라지는 머리털에 립크림을 펴 발랐다). 자기혐오에 빠져 있는 던은 집도의의 소견에 동의한다. "뭐가 됐든 이것보단 낫잖아요." 본인의 현 외모, 곧 수술 전 외모에 대한 논평이다. 이런 TV쇼의 의사들이 얼마나 낙관적이고 유토피아적이냐 하면, 던의 굴욕을 메스와 석션기로 없애고 뒤집을 수 있다고 확신한다. "던의 가슴 한쪽이 다른 쪽보다 너무 작고 처졌다는 사실이 던에게는 상당한 불안의 원천일 수밖에 없었지요. 오늘 우리는 그 과거에 작별을 고할 것입니다." 이런 불안장애 여성들은 마지막 순간에 도달할 아름다움을 위해 TV에 출연해 굴욕을 자초하지만, 수술의 연옥을 통과한 그들에게 주어지는 것은 황색언론의 단골 메뉴인 조슬린 와일든스타인(스라소니와 유명인사 사이의 타협물)을 닮은 외모다. 망상이 깊을수록 시청률이 높다. 여성의 자기혐오는 비싼 값이

매겨지는 상품이다. 그녀가 현실과 단절되는 것이 우리에게 재미를 안겨준다고 여겨진다. 그녀가 자기파괴적으로 수술을 통해 비현실적 평정심을 얻으려고 하는 것이 우리에게 재미를 ─혹은 채널을 돌리지 못하게 만드는 경악과 매혹을─ 안겨준다고 여겨진다. 〈더 스완〉에서 가장 넌더리 나는 측면은 수술 전 시퀀스들에서 쏟아지는 여자들의 자기비난이 아닐까? 변신 후보들은 처진 엉덩이와 벌어진 치아에 대해 한탄하기도 하고, 비가시성에 대한 욕망 때문에 어쩔 수 없이 차에 불법 선팅을 한다고 고백하기도 하고, 카메라 앞에서 원치 않는 얼굴 털을 면도하기도 한다. 여기서 가장 치욕스러운 구경거리는 그들이 사람들 앞에서 '나는 못생겼다'고 말할 때의 적극적 태도가 아닐까? 어떤 안쓰러운 참가자는 고등학교 때 가해자 패거리bullies가 자기를 사물함에 밀어 넣었던 일을 이야기하다가 울음을 터뜨린다. "얼굴 털이 문제가 됐다"라고 어떤 딱한 참가자는 말한다. 어떤 희생양 참가자에게는 이마거상술, 인중축소술, 눈밑 지방재배치, 턱 지방흡입술, 광대 지방이식, 라식수술, 가슴확대, 복벽성형, 치아미백, 라미네이트, 잇몸수술, 치아 근관치료, 딥클리닝, 하루 1700칼로리 식단, 하루 두 시간 헬스, 주 1회 테라피라는 명령이 하달된다. 그녀의 죄는? 스스로를 못생겼다고 생각한 죄. 의사도 그녀의 망상에 협조한다. "가슴확대와 복벽성형이 그녀의 장난기를 확실하게 부각시킬 것이라고 생각해요." 장난기 부각을 위해 이렇게까지

한다고?

그런데 나는 왜 이런 쇼를 시청하면서 이렇게 넌더리를 내고 있지? (어떤 시청자는 넌더리를 내지 않을지도 모른다는 것, 어떤 시청자는 그냥 재미있어할지도 모른다는 것은 인정한다. 하지만 내가 짓궂은 장난을 옹호했던 적은 한 번도 없다.) 나는 TV를 볼 때 거의 항상 넌더리가 난다. 퀴즈 쇼나 리얼리티 쇼에 대한 허기를 채워준다는 프로그램에서 참가자나 사회자가 카메라로부터 받는 관심을 (그리고 스튜디오 방청객으로부터 받는 관심을) 아늑한 거처로 삼는 꼴이 너무 투명해 보인다 싶으면 나는 구역질이 난다. 카메라 앞에서 〈더 스완〉의 출연자들은 특히 열정적으로 본인의 불행을 털어놓는 듯하다. 어떤 여성은 심하게 안 어울리는 멜빵바지를 입고 '비포/애프터'라는 가혹한 두 폭 제단화 중 지독한 '비포' 자리를 순순히 채우고 있다. 그렇게 심하게 안 어울리는 옷 대신 다른 옷을 입는다면 수술이라는 굴욕을 겪지 않아도 멋진 '애프터' 자리로 옮겨 갈 수 있으리라는 것을 그녀는 모르는 것일까? 시청자들은 왜 굴욕의 퍼레이드를 보면서 흥분하고 감동하는 것일까를 이해하기 위해 우리는 시야를 심리적 차원 너머로 확장할 필요가 있을 것이다. 자본의 흐름이 어떻게 소비자들의 "허위의식"을 조장하는지, 소비자들이 왜 '여성성'을 기르는 여자가 운명을 바꾸고 행복을 쟁취하리라는 잘못된 믿음에 빠지게 되는지 검토할 필요도 있을 것이다(〈더 스완〉에서 여성성을 기른다는 말은 체중을 줄이고 콧등의 길이를 줄이고 가슴 성형을 하고 금발이 된다는 뜻이다). 그녀의 꿈은 잠시 이루어지지만(석 달간 거울 없는 숙소에서 혼자 지내야 하는 여성 출연자는 수술과 변신의 결과를 공개하는 최종회 거울 제막식 때까지 자기 모습을 보지 못한다)—자기의 완전히 달라진 모습을 목격한 그녀는 잠시 감격에 겨운 듯 기쁨의 눈물을 흘리지만—이런 눈에 보이는 기쁨이 그녀에게는 굴욕이 된다. 근거 없는 믿음에 근거한 기쁨이라는 것을 우리가 알고 있기 때문이다. 좀더 정확한 장면이자 정직한 장면은 백조 지망생의 병원 장면이다. 성형수술 직후, 그녀의 얼굴은 멍 때문에 알아볼 수 없다. 그녀는 마취와 외상의 여파로 거칠어진 목소리로 간신히 말한다. "약 좀 더 줘. 깨고 싶지 않아."

3.

우리 중 누구도 피할 수 없는 개념적 굴욕은 〈더 스완〉 같은 쇼를 전파하는 문화(미디어 국가)와 공모한다는 데 있다. 나는 치과 수술 장면을 볼 때보다 전문가들의 허튼소리를 들을 때가 더 넌더리 난다. 치주 클로즈업 화면에서 피가 철철 나는 입안도 물론 역겹지만, 전문 코치가 출연자에게 호통치는 소리만큼은 아니다. 반항적인 출연자가 크림치즈와 핫도그 한

봉지를 집어삼킴으로써 다이어트 규칙을 위반했을 때: "너 식습관 안 고칠래? 여기서 나갈 때 절구통으로 나가고 싶니?" 〈더 스완〉을 볼 때 느껴지는 창피함은 어렸을 때 친구였던 여자애가 토하는 것을 보았을 때 느꼈던 공감성 역겨움을 상기시킨다. 차는 구불구불한 산길을 지나고 있었고 우리는 차의 뒷좌석에 앉아 있었는데, 나는 그 아이의 토 냄새에 구역질을 하기 시작했다. 그 아이의 신체 통제력 상실은 나를 역겹게 했지만, 내 신체에서는 나를 역겹게 하는 것의 모방, 행위주체성 상실의 모방이라는 반사 작용이 일어나고 있었다. 이로부터 한 가지 정리를 도출해보겠다: 내가 다른 사람의 굴욕 장면을 보면, 그 경악스러운 장면은 내 신체에서 재현된다. 거울 뉴런들이 활성화된다. 나는 내가 보고 있는 경악스러운 장면이 된다. 다른 누군가가 자기 몸이라는 유형 재산에 대한 소유권과 유치권을 양도하는 것을 목격하면, 나도 그렇게 양도하게 된다. 린치, 처형, 공개 태형을 구경하던 방관자들에게 어떤 감각 자극들이 주어지고 있었을지 상상하다 보면, 그들은 어떤 경악스러움을 경험하면서 그 간접적, 신체적 경험을 흥분과 의분과 공분으로 변환하고 있었으리라고 추정하게 된다. 내가 이 추정의 근거로 내놓을 수 있는 것은 직관, 그리고 내 감각의 자명함뿐이다. 이 추정을 정리해보자면, 굴욕을 목격한 사람의 역겨움은 (예를 들어, TV에서 조리돌림을 목격하거나 자동차 뒷좌석에서 구토하는 여자애를 목격할 때 느끼는 역겨움

119

다섯 시의 그림자

은) 분함과 무력함——구토나 눈물 같은 자동 반응을 일으키는 몸이라는 물질의 완강함 앞에서 느끼게 되는 분함과 내가 야기하지 않은 고통 장면의 구경꾼이자 결국에는 부패에 항복할 수밖에 없는 몸이라는 필멸자로서 느끼게 되는 무력함——의 특이한 결합물이다. 내가 항복할 때 누가 그 모습을 본다면, 그것은 굴욕이다. 다른 누군가가 항복할 때 내가 그 모습을 본다면, 통쾌할 수도 있지만 역겨울 수도 있다.

4.

다른 누군가가 항복하는 모습을 염탐하는 장면. 내게 그 장면의 원초경은 리처드 M. 닉슨의 대통령직 사임을 TV로 시청했던 일이다. 육체적 매력도 없고 윤리적 매력도 없는 이 나라의 우두머리가 권력을 내려놓는 모습 앞에서 통쾌함과 충격을 느꼈던 것이 기억난다. 나는 그의 사퇴 사건을 개인적으로 받아들였던 것 같은데, 아마도 닉슨의 얼굴에 내 아버지를 연상시키는 다섯 시의 그림자*가 드리워져 있었기 때문일 것이다. 닉슨이 사임하는 순간, 곧 총사령관이 굴욕당하는 순간은 아버지 추락의 전형적 순간인 듯했다. 그때 내가 닉슨을, 다섯 시의 그림자를 드리우는 이 남자를 불쌍히 여기고 있었을지도 모르지만, 그가 벌을 받고 창피당하는 것이 고소하기도 했다. 그때

---

* '저녁때에 이르러 거뭇하게 자란 수염'을 뜻하는 표현.

의 복잡한 감정 — 권력을 가진 남자가 이렇게 몰락하다니 끔찍하구나, 하지만 그가 자기의 몰락을 이렇게 내보일 수밖에 없다는 건 통쾌하구나 — 은 남자의 수염과 연관된, 아니, 면도할 자격을 갖춘 남자가 공개적으로 기피당하는 모습이 왠지 부적절하다는 느낌과 연관된, 메스꺼운 욕심이 되어 아직 내 안에 살아 있다. **수염 미는 남자를 기피하고, 수염 나는 남자를 모욕하라.** 이것이 그때 내가 외친 구호, 나에게 흥분과 함께 회한과 슬픔 또한 안겨준 구호였다.

5.

리처드 닉슨은 사임하는 자리에서 자기 몸에 대해 언급하고, 굴욕의 문턱에 서 있는 몸, 이제 곧 굴욕의 소용돌이 속으로 뛰어들어야 하리라는 것을 알고 있는 몸이 경험하는 끔찍함에 대해 언급한다. 닉슨은 이렇게 말한다. "지금까지 저는 시작한 일은 반드시 끝내는 사람이었습니다. 임기를 끝까지 채우지 못하고 집무실을 떠나야 하다니 본능적으로 온몸에서 거부감이 듭니다." 대통령이 본인의 몸을 언급해야 했다는 것도 이상하고, 섹스 스캔들이 아니었던 워터게이트가 몸에 거부감을 불러일으키는 방식으로 보도되었다는 것도 이상하다. "그 때문에 저는 내일 정오가 되면 대통령직에서 물러나게 됩니다." 패자를 처형하라는 명령이 패자 본인에 의해서 내려지고 있다. 정오high noon, 낮 열두 시 정각은 끝낼 시간, 끝내야 할 시간을 가리키는 벌칙 단어가 된다. 그로부터 30년이 넘는 세월이 흐른 뒤, 이 연설을 다시 시청하면서 여전히 나는 그의 딸 트리샤가 되어 자부심과 참담함 속에서 아버지의 연설을 듣고 있다고 상상하게 된다.

6.

그런 참담함은 언제나 계속될 것이다. 추락하는 공인은 늘 있을 것이다. 이번에는 면도를 막 끝냈거나 면도할 때를 놓친 남자, 고급 정장을 입은 남자, 머리가 벗겨지고 턱살이 늘어지고 어깨가 떡 벌어진 남자, 갸름한 턱에 코가 특이하고 어깨가 구부정한 남자, 창피한 행위를 했음을 공개 자백하고 TV에 나와서 뭇매 맞는 남자, 고개 숙인 남자. 그런 남자 옆에는 아내가 서 있다. 아내는 늘 곁에 서 있고, 가끔은 딸도 서 있다. "제가 받았던 기대에 부응하지 못한 것에 대해 대단히 유감스럽게 생각합니다"라고 뉴욕 주지사 엘리엇 스피처는 말한다. 매춘부를 다른 주로 데리고 다녔다는 것과 그녀와의 섹스를 위해 거액을 지불했다는 것을 발각당한 남자. 그렇게 죄를 뉘우치고 있는 엘리엇 옆에는 그의 아내 실다가 서 있다. 그녀가 매고 있는 실크 스카프는 올바르지만 비非보완적이다. 흠잡을 데 없이 완벽하지만 그녀의 부끄러움을 덜어내지는 못하는, 그래서 오히려 그녀의 부끄러움을 악화시키고 있는 것만 같은 스카프다. 익명의 인터넷 논평자는 이 사죄 연설의 유튜브 클립에 이런 댓글을 단다. "발정 난 루저야 너 어떻게 이 럴 수가 있냐 와이프한테 그런 창피를 준 걸로 모자라서 이젠 아예 와이프를 무대 위로 끌고 올라갔냐? 실다, 정신 차려! 저런 루저는 쓰레기통에 처박아버려!" 엘리엇이 카메라 앞에서 "제가 지금 느끼는 후회를 평생 짊어지고 살겠습니다"라는 말로 사죄하는 동안, 내 관심은 무언가를 닮은 부분으로 옮겨 간다. 그의 머리통은 음경을 닮았는데, 그를 곤경에 빠뜨린 것이 그의 음경이다. 실다의 시선은 두 가지 선택지를 가지고 있다. 두리번거릴 수도 있고, 먼 곳의 한 점에 고정될 수도 있다. 나는 그녀의 눈을 쳐다보면서 살아 있다는, 화가 났다는, 자기 의견을 갖고 있다는 신호를 찾으려 하지만, 그런 단서는 전혀 찾지 못하고 관용과 인내의 증거만 얻게 된다. 그녀가 공개 석상에서 완벽한 품격을 흐트러뜨리지 말라는 요구와 통한의 비명을 홀로 삼키라는 요구에 응하고 있다는 사실은 그녀의 존엄을 증언해주기도 하지만, 그녀의 굴욕을 증대시키기도 한다. 엘리엇은 자기의 굴욕을 긍정적으로 생각하려고 안간힘을 쓰며 열변을 토한다. "우리의 가장 큰 명예는 결코 넘어지지 않는다는 데 있는 것이 아니라, 넘어질 때마다 일어선다는 데 있습니다." 스피처의 사퇴 아리아는 창문을 통해 어렴풋이 들려오는 바르 미츠바* 연설이다. 사춘기와 함께 공동체의 일원

---

* 유대인 남아의 성년식.

으로 승격된 미성년 남아였던 그가 이제 성인 남자가 되어 불명예스럽게 강등당하고, '사생활'을 폭로당하고, 혼난 아이나 따귀 맞은 아이처럼 고개를 푹 숙인 자세로 서 있게 된다.

7.

나는 바르 미츠바 치르기를 거부했다. 내 형의 바르 미츠바를 굴욕적인 경험으로 여기고 있었기 때문이다. (내면화된 반反유대주의라는 병의 중증 사례였다. 나는 이제 그 병으로부터 서서히 회복 중이다.) 멜리스마 창법* 챈팅이 변칙적, 비非대중적 방향으로 흘러가는 것이 나에게는 외설적이라고 느껴졌다. 그때 나는 그 흐름의 음악성과 장중함을 전혀 이해하지 못하고 있었다. 그때 나는 유대인이라는 것을 굴욕으로 여기고 있었다. 내 친구 중에 유대인은 없었다. 2학년 때 교사가 하누카 첫날 이렇게 말했다. "웨인은 유대인이란다. 그러니 우리에게 하누카에 대해 설명해줄 수 있을 거야." 나는 설명해줄 수 없었다. 설명하려는 시도조차 하지 않았다.

8.

나는 이런 식으로 내 종족에게 등을 돌렸지만, 인터넷에서 스피처 부부에 대한 유대인 혐오적 논평들을 보면 넌더리가 난

---

*   한 음절의 노랫말을 여러 음정으로 늘여 부르는 것을 말한다.

다(어떤 포스팅은 전직 주지사를 가리켜 "돈에 걸신들린 흉측한 유대인"이라고 하고, 또 어떤 포스팅은 "유대인 실다는 모피, 보석, 돈을 원했다"라고 한다). 라디오의 청취자 발언도 그렇게 악쓰고 욕하는 무지와 분노의 수준에 맞춰져 있고, 나는 그런 판에 절대 관여하고 싶지 않다. 공격적인 공적 발언으로 굴욕당하는 것은 그 발언을 내뱉는 입, 아니면 그 발언을 입력하고 편집하고 게재하는 손이다.

9.

"저는 미니애폴리스 공항에서 아무런 잘못도 저지르지 않았습니다." 남자 화장실의 한 칸에서 '음란 행위' 불시 단속에 걸린 래리 크레이그 상원의원의 기자회견 내용이다. 래리는 발구르기('성교하자'라는 뜻의 암호)로 옆 칸 사람에게 외설적 신호를 보낸 뒤 칸막이 아래로 손을 밀어 넣었는데, 하필이면 그 칸에 사복경찰이 잠복 중이었다. 게이 인권에 반대표를 행사해온 공화당 의원인 그가 이렇게 사람들 앞에서 참회하는 투사의 목소리로 정당방위를 주장하고 있다. "저는 유죄를 인정하기로 결정했던 것에 대해, 그리고 그 결정이 제 아내, 가족, 친구들, 스태프들을 비롯해 아이다호의 동료 주민들에게 슬픔을 안겨주었다는 것에 대해 유감스럽게 생각합니다. […] 이 문제는 확실하게 짚고 넘어가겠습니다. 저는 게이가 아닙니다. 저는 한순간도 게이였던 적이 없습니다." 자기가 게이인 것은 아니라면서도, 이 스캔들이 자기 선거구에 굴욕을 초래했다는 것은 인정한다. "제 행동이 아이다호의 하늘에 구름을 불러왔습니다." 나는 그 구름을 상상해보려고 하고 있다. 그 구름의 그림자에 시달리는 사람들을 상상해보려고 하고 있다. 체포 후, 경찰 심문 녹음테이프에서, 그는 집요하게 추궁하는 경찰에게 반발한다. "당신이 호객 행위를 했어. […] 내 발이 당신 발까지 다가갔다고? 어쩌다 부딪혔겠지." 두 발이 어떻게 그렇게까지 부딪혔는지 설명해보라는 요구에, 크레이그는 자기정당화를 시도한다. "나는 배 나온 남자야. […] 나는 바지를 내릴 때 바지가 흘러내리지 않게 다리를 넓게 벌리는 경향이 있어." 나는 배 나온 남자야, 나는 발정 난 루저야, 나는 조리돌림당하는 남자야, 나는 경찰의 압박하에서 성행위에 대한 굴욕적 내용을 강제로 자백하고 있어──진술 자체가 굴욕적이지는 않지만, 아이다호의 하늘에 구름을 불러오는 진술이다. 나는 음란 행위를 저지른 죄로 공개적으로 찢어발겨지는 사람을 보면 늘 경악에 사로잡힌다(그 사람이 즐겼다는 것을 인정하려고 하지 않으면, 더욱 그렇다). 이 문제는 확실하게 짚고 넘어가자. 빌 클린턴의 혼외 행각이 언론을 강타했을 때, 나는 공감성 수치와 공감성 격분으로 사지가 떨릴 지경이었다. 구강성교 따위에 나라 전체가 뒤흔들리다니. 절대로 용서받지 못할 죄도 아닌데 대통령과 그의 아내와 딸과 모니카 르윈스키가 (그리고 모니카 르윈스키를 아는 모든 사람, 그녀를 사랑하는 모든 사람이) 대체 왜 이렇게까지 공개적으로 고통을 받아야 하는 것인지. 그들이 위선적인 시청자들과 권위자들과 상원의원들에 의해 대체 왜 이렇게까지 개망신당한 짐승들 취급을 받아야 하는 것인지. 피의자가 정치인이든 성직자든 주차요원이든, 나는 그가 구강이나 생식기나 항문의 행위로 인해 법정에서—진짜 법정에서든 언론 법정에서든—굴욕당하는 모습을 보고 싶지 않다. 이 책에 숨겨진 목적이 있다면 (악평을 부르겠지만) 이것이다: 나는 성행위로 인해 공개적으로 망신당한 사람들을 옹호하고 싶다. 강간범들을 옹호하겠다는 것이 아니다. 아이들을 이용해먹는 성인들을 옹호하겠다는 것도 아니다. (단, 소아성애자도 내 마음을 아프게 할 수는 있다. 피의자가 마이클 잭슨일 때도 그렇지만, 심지어 피의자가 마이클 잭슨에 비해 재능이나 인기가 없는 사람일 때도, 심지어 피의자가 범죄 혐의로 방송을 타기 전까지는 무명인이었던 사람일 때도 그렇다.) 래리 크레이그는 입법자로서 게이 인권을 악의적으로 침해했으니, 내가 그를 영웅시할 수는 없다. (내 마음대로 정하는 불명예 정치인 삼인방—래리 크레이그, 엘리엇 스피처, 빌 클린턴—은 성적인 잘못을 저질렀다는 이유 못지않게 위선을 떤다는 이유로 조리돌림을 당했다.) 의회에서 래리 크레이그는 인권의 원수였지만, 크루징 문제에서 나는 그의 편을 들게 된다. 나는 공중화장실에서 섹스 파트너를 찾는 놈팡이가 공개 망신을 당한 것을 개탄한다. 다행스럽게도 나는 체포당한 적이 한 번도 없다. 다행스럽게도 나는 내가 공항 화장실에서, 기차역 화장실에서, 대학 캠퍼스 화장실에서 섹스하는 놈팡이라는 것을 TV에서, 혹은 '처자식'을 대동한 기자회견장에서 실토해야 했던 적은 없다. 다행스럽게도 나는 지금 아이다호주의 하늘에 구름을 불러오고 있지 않다. 화장실 성교 그 자체가 굴욕적인 것은 아니다. 단, 화장실 공기를 싫어하는 사람들에게는 (특히 위생 상태가 좋지 않거나 바닥이 젖어 있거나 불쾌한 냄새가 난다면 더더욱, 특히 경찰이나 내부 고발자가 갑자기 들이닥칠지도 모른다는 걱정이 거침없는 모험을 망설이게 하고 만남의 어리석은 면과 자기파괴성을 느끼게 한다면 더더욱) 더럽게 느껴질 수 있다. 하지만 피고가 음란 행위를 강제로 자백할 때마다 이 자백 장면은 이단심문소의 종교재판 장면과 오스카 와일드의 소송 장면을 포함하는 고난 연속극, 고난 행진곡의 한 장면이 된다.

10.

내가 이 책에서 이런 굴욕담을 쌓아 올린 데는, 굴욕이 보편적이라는 것을 보여주겠다는 목적과 굴욕의 변신이 가능하다는 것('바닥을 쳤다'는 감각이 온전하게 체험되는 경우, 굴욕은 구원으로 변할 수 있다는 것)을 보여주겠다는 목적이 있었다. 엘리엇 스피처의 머리통이 내 눈에는 음경처럼 보인다는 것, 적어도 그가 4천 달러라는 고액의 에스코트와 동침한 뒤 뉴욕 주지사 자리에서 사퇴했을 때만큼은 그렇게 보였다는 것은 방금 이야기했으니, 이제 나는 남들의 굴욕담 뒤에 내 음경과 그 성향에 관한 몇 가지 세부사항을 덧붙이고자 한다. (정치는 내 전문 분야가 아니다. TV도 내 전문 분야가 아니다. 사법司法도, 역사도 내 전문 분야가 아니다. 내 전문 분야는 내 몸이다. 내 몸은 내가 구현할 수밖에 없는 욕망들의 백과사전이며, 그 색인은 내 두 다리 사이에 놓여 있다.) 내 주장을 그 방향으로 끌고 가기에 앞서, 구원에 대한 일반론 한 토막을 전해둔다.

11.

장 주네, 예수 그리스도, 오스카 와일드의 경우, 그리고 몇몇 순교자들, 신비주의자들, 말썽꾼들의 경우, 인간의 영혼은 굴욕이라는 화덕을 통과하면서 매끄러워지고 윤이 나고 단단해지는 것 같다. 굴욕은 정신의 고급 마감 공정이다. (대작가 로베르트 발저는 1907년 소설 『타너가의 남매들』에서 고용살이 경험에 대해 "이런 상태로 지내면서 편한 느낌, 집에 온 느낌을 받는다면 그것도 이상한 일이다"라고 썼다.) 발저와 마찬가지로 나도 굴욕을 쾌적한 것으로 여기지 않는다. 하지만 굴욕이라는 회색 구름에 은색 테두리가 없다면, 내가 이 음울한 경험 범주를 이렇게 검토하고 있지도 않을 것이다. 굴욕이라는 유해한 구름 아래 서 있는 사람에게는 경우에 따라서, 상황에 따라서 어떤 신적 변모의 가능성이 주어진다. 굴욕에 그런 가능성이 없었다면, 나는 당장 이 주제를 내버리고 정말로 사람을 구원하는 힘을 가진 것(예를 들면 화이트와인)에 관해 썼을 것이다.

12.

음경penis에는 두 가지 경향이 있다. 일어서려는 경향. 그리고 누워 있으려는 경향. 우선 일어서려는 경향에 대해 논하겠다. 나의 것은 자주 일어선다. 너무 자주, 특히 체면을 위해 가만있어야 할 때 더 잘 선다. 나는 이른 나이에 (다섯 살? 여섯 살? 일곱 살?) 원치 않는 각성에 눈떴다. 그 무렵의 나는 나를 괴롭히는 애가 시키는 대로 바지를 벗고 걔네 집 뒤뜰을 달리곤 했는데, 공교롭게도 바지가 내려질 때마다 고추dick가 튀어나왔던 것이다. 그 아이가 물었다. "너 그거 왜 커?" 나는 대답했다. "바지 내릴 때만 커져." 그러면서 나는 생각했다. **나도 얼른 커서 사춘기에 다른 애들이랑 누구 게 더 큰가 시합하고 싶어.** 사춘기의 남자애들이 탈의실에서 성기cock의 치수를 잰다는 정보를 풍문으로 들었던 것이다. 집단 자위행위에 관해서도 들은 적이 있었던 것 같다. 어쨌든 그 아이에게 그렇게 내 성기의 상태를 지적당하는 일은 굴욕적이지 않았다. 그 아이네 집 뒤뜰에서 알몸으로 달리는 일이 굴욕적이라면 굴욕적이었다. 그렇게 달렸던 것에 대한 비뚤어진 보상으로 나는 그 아이에게 엄마의 대학 졸업 사진을 보여달라고 졸랐다. (이미 본 사진이었지만, 또 보기를 원했다.) 당시 뚱뚱한 술꾼이었던 그 아이의 엄마에게는 UC 버클리에서 심리학을 공부한 미인이라는 과거가 있었다. 그러니까 그때 내가 나를 괴롭히는 애 앞에서 발가벗기라는 굴욕적인─그리고 자극적인─ 경험을 감내했던 것은 보상으로 그 마법의 사진을 보는 즐거움, 아직 술꾼으로 전락하지 않은 그 아이의 엄마를 보는 즐거움을 위해서였다.

13.

이런 식으로 남자들 앞에서 발가벗을 때 발기가 되는 경향이 아직 내게 들러붙어 있다. 부적절한 상황에서 각성되어 창피당할까 봐 걱정되는 때가 많다는 뜻이다. 작년에는 한 피부과 의사를 만났다. 내 콧등에 아예 눌러앉은 뾰루지 하나를 없애버리고 싶어서였다. 의사는 완벽한 전문가였고 그의 책상 위에는 갓 태어난 아이의 사진들이 올려져 있었다. 그가 말했다. "전신 검사 한번 해봅시다." 나는 셔츠와 바지를 벗었다(팬티는 입고 있었다). 곧 제막의 순간이 왔고, 그는 말했다. "속옷 내려주세요." 나는 시키는 대로 했다. 그때까지는 괜찮았다. 나의 하트 킹은 얌전히 늘어져 있었다. 나는 일어서려고 하는 그것을 억누르기 위해 끔찍한 생각을 떠올리기 시작했다. 기아에 대한 생각, 수술에 대한 생각, 전기의자에 대한 생각. 그러는 사이에 의사가 말했다. "음낭 올려주세요, 안쪽 보겠습니다." 그렇게 노출을 수행하는 동안, 나는 이 고자질쟁이가 점점 단단해지는 것을 느낄 수 있었다. 나는 내가 저지르고 있는 죄(병원에서 발기하기)의 여파를 외면하기 위해 눈을 감았다. 피부과 의사는 무덤덤하게 조이스틱 부위의 진찰을 마친 뒤 옷을 입으라고 했다. 어떤 현자들은 발기를 권력과 행복의 상징으로 여기지만, 딱딱해지면 안 되는 상황에서의 발기는 갑자기 치욕의 징표가 된다. 발기의 역설이 여기에 있다. 갑자기 커진 고추weenie는 남성성의 실패, 점잖은 행실의 실패, 무심해지기의 실패를 알리는 더러운 신호가 된다. 나는 내 음경이 무심해지기를 거부할 때 굴욕을 느낀다. 열심히도 일어서고, 다른 남자의 시선이 느껴지면 너무 티 나게 좋아하고, 그렇게 고자질쟁이가 되어 터져 나올 때는 물혹cyst의 굴욕적 솔직함이 있다.

14.

나는 탈의실에서 딱딱해진다. 옆에 있는 알몸의 남자에게 관심이 가든 안 가든 마찬가지다. **그가 나를 볼 수 있다**는 단순한 사실이 나의 말 못하는 반응 기관으로 혈액을 보낸다. 학교 체육 시간에는 살아남기 위해, 딱딱이woody를 물리치기 위해 나 자신에게 참혹한 판타지라는 예방주사를 놓았다(엘리 비젤의 『나이트』에 나오는 이미지들, 불구덩이에 던져지는 아기들). 어린 시절에 우드스톡Woodstock의 알몸 참가자들을 찍은 사진을 보았을 때는 **절대로 히피나 알몸 달리기꾼이나 운동권은 되지 말아야지, 절대로 사람들 앞에서 발가벗지 말아야지, 딱딱해지는 건 굴욕적이니까**라고 생각했다. 나는 지금까지 알몸 수영을 한 적이 없다. 〈더 스완〉에 나온 '못생긴' 여자, 자기 모습을 사람들한테 내보이기 싫어서 불법 선팅 차량을 구입했다고 고백하면서 우는 그 여자와 마찬가지로, 나는 내 본성의 상당 부분을 노출하기를 피하고 있다.

15.

내가 발기부전이었던 날은 많지 않았지만 — **발기부전!** 듣기만 해도 소름 끼친다 — 이제 와서 생각하면 나에게 발기부전은 모종의 시그널이었다. 내가 이성애자 남성과 처음으로 동침한 날이 그랬고(나의 마법 지팡이는 그의 이에 쓸린 순간 열의를 잃었다), 내가 여성과의 성교를 처음으로 시도한 날이 그랬다(나는 그녀의 침실의 열린 창문으로 들어오는 차가운 바람을 느낄 수 있었다). 나는 여자들과 함께 있을 때 늘 긴장했다. 발기 게임에서는 '성공률'이 '실패율'보다 높았지만, 실패할 때마다 장기를 적출당하는 것만 같았다. 그때마다 나는 나 자신의 덧없음을 직면하면서 끔찍한 감각장애와 마비 증세를 겪었다(그러면서 돌턴 트럼보의 〈자니 총을 얻다〉에 나오는, 사지가 절단된 상이군인을 떠올렸다). 그렇게 몇 년간 여성들과 긴장된 섹스를 이어가던 끝에(너무 빨리 사정하는 실수를 비롯해 절대 하면 안 될 일을 하는 실수와 반드시 해야 할 일을 안 하는 실수를 계속 저질렀다), 나는 결국 내가 이성애자가 되는 것을 하나님은 원치 않으신다는 결론을 내렸다. 내가 상원의원이 되는 것도 하나님은 원치 않으셨다. 좋든 싫든, 나의 프라이드와 나의 '얼굴' 감각(존엄, 가치, 현존 감각)은 내 음경에 싸여 있다. 그것이 **얼굴을 너무 많이** 표현할 때마다(그것이 세계를 향해 안부 인사를 건네고 싶은 마음을 너무 많이 표현할 때마다) 내가 굴욕을 느끼게 되는 것은 사실이지만, 내가 더 큰 굴욕을 느낀 순간들은 내가 아직 젊었을 때 그것이 폐기 처분된 흐물흐물한 소시지처럼 내 허벅지를 베개처럼 베고 죽어 누워 있던 순간들이었다.

카테터
(트로이의 왕비는 이제 왕비가 아니다)

1.

TV는 시청자를 더럽히는 굴욕의 똥통이다. 나는 〈아메리칸 아이돌〉을 시청하면서 시시함, 진부함, 잔인함이라는 더러운 똥물에 젖는다. 나는 굴욕을 느끼는 참가자들, 노래를 못하는 가수 지망생들의 상처받은 표정들로 인해 더러워진다. 나는 이번 시즌 심사위원들(폴라 압둘, 사이먼 코웰, 랜디 잭슨)의 거들먹거리는 잔인무도한 논평들로 인해 **대장균** 폭탄을 맞는다. 그중 최악의 사디스트는 미남자 사이먼 코웰이다(그가 마구 던지는 비평은 너무 잔혹해서, 듣다 보면 그의 고환을 걷어차고 싶어진다). 사이먼과 다른 심사위원들의 논평 중에는 이런 것도 있다. "내 평생 당신처럼 노래 못 부르는 사람 처음 봤어. 나 지금 과장하는 거 아니야." "당신 말이야, 앞으로 절대 노래할 생각 하지 마. […] 최악이었어." "나 같으면 청력 검사 한번 받아볼 거 같아.""이 세상에 당신이 부를 수 있는 노래는 없어.""시시한 무대였다고 말한다면, 당신이 평생 받아본 최고의 칭찬이 되겠지.""당신은 형편없는, 형편없는 가수야.""네이트, 당신은 음치야.""당신이 성우가 된다면 쥐새끼 역할은 할 수 있을 거야.""당신은 카리스마가 없어." 인간의 존엄은 코웰/압둘/잭슨의 악담 퍼레이드로 인해 땅에 떨어진다. 〈아메리칸 아이돌〉은 에스토니아, 핀란드, 이란, 말레이시아, 싱가포르, 남아공, 베트남을 포함해서 대략 100개국으로 송출되는 쇼 프로그램이다. 명예훼손은 오락이라는 것을, 스타덤으로 가는 길은 치욕의 오르막길이라는 것을, 미국인들은 노력가 비웃기라면 환장한다는 것을, 대중오락물은 굴욕의 효과음이라는 것을 (편안하고 쾌적한 분위기를 위해 레스토랑, 이발소, 헬스장, 주방, 침실에 온종일 틀어져 있는 TV 소리는 자기 목소리가 "충격적으로 형편없다"는 것을 배우는 여자들과 남자들의 울음소리라는 것을) 이 프로그램은 수백만 명의 시청자들에게 가르쳐준다. 굴욕을 전파하는 죄는 〈아메리칸 아이돌〉만의 것이 아니다. 모든 곳에 침투해서 모든 곳을 똑같은 곳으로 만들려는 집요함도, 리얼리티와 텔레비주얼리티televisuality의 구분을 없애고자 하는 〈깜짝카메라〉의 욕망도, 공적 공간을 가정 깊숙이 들어앉힘으로써 사적 공간을 제거하고자 하는 『1984』 빅브라더의 야망도, 종교적 차이의 제거를 추구하는 오럴 로버츠 부흥회의 분투도, 의식의 야수화 작업에 정상 영업자, 의

무 준수자의 얼굴을 덧씌울 수 있는 유사 파시즘적 권한도 모두 TV 그 자체의 것이다. TV 그 자체가 (TV 프로그램을 진행하는 아나운서들과 사회자들이, TV가 자랑하는 선명성과 평면성이) 굴욕의 몸종, 굴욕의 첩자, 굴욕의 프락치, 굴욕의 선교사, 굴욕의 바이러스다.

2.

하지만 내가 어렸을 때는 TV가 나를 위로해주었다. 나는 〈왈가닥 루시〉 〈메리 타일러 무어 쇼〉 〈그녀는 요술쟁이〉 〈애덤스 패밀리〉 〈다이얼링 포 달러스〉 〈제퍼디!〉 〈신혼 게임〉 〈데이트 게임〉 〈파트리지 패밀리〉 〈몽키스〉 〈드래그넷〉 〈사부인들〉 〈패티 듀크 쇼〉 〈로언 & 마틴 쇼〉에 중독되어 있었다. 방영 기간이 너무 짧았던 〈롱스트리트〉에도 중독되어 있었다 (주인공이 맹인 형사였다). 위로를 원하는 나에게 TV는 (TV에서 쏟아져 나오는 호들갑스러운, 조잡한, 음역대가 높은, 녹음된 웃음소리는) 하찮은 대체품, 앙상한 공식, 묽은 모조품을 내밀었다. 그것을 쪽쪽이라고 하든, 전기 담요라고 하든, 히터라고 하든, **가짜 연결, 가짜 위로, 가짜 음식**이었다. 내가 받고 싶었던 것은 인정이었지만, TV가 나에게 준 것은 〈제퍼디!〉였다. 내가 TV를 괴물 취급 하는 것은 그 때문이다. 내가 TV를 악마화하는 이유는—나는 34년 동안 TV 시청을 기피해왔다—TV쇼의 시시함이 시청자를 모욕할 수 있기 때문이다. 쇼에

출연해서 "당신 형편없어"라는 말로 그 모욕을 현현하는 사이
먼 코웰이 없다고 해서 모욕이 없는 것은 아니다. 내가 TV를
희생양으로 삼는 이유는 내가 굴욕적으로 고립되어 있고 몸과
유리되어 있고 삶에 부적합한 존재라는 느낌이 TV로 인해서
강화되기 때문이다. 그때 내가 TV를 보면서 앉아 있던 소파까
지 지금 내가 탓하겠다는 것은 아니다. 하지만 TV만큼은 탓해
야겠다. 메신저를 탓하는 것은 미신적이지만, 그래도 탓해야
겠다. 바보상자에 중독되어 있던 1976년 이전까지, 나는 교우
관계를 맺는 데 어려움을 느끼고 있었다(파티에 가는 대신 〈밥
뉴하트 쇼〉를 시청했다). 그리고 그런 이유에서 이런 멜로드라
마적 결론으로 비약했다: **TV를 시청하는 몸은 실제 삶의 모습
을 외면하고 있다. TV에서 위안을 찾는 나는 치욕에 거주할 운
명, 똥통에 서식할 운명이다.**

3.

나의 욕망과 공포가 나에게서 흘러 나가게 만든다는 점에서는
책도 TV와 마찬가지다. 책—내가 읽고 있는 책, 내가 쓰고
있는 책—이 나의 카테터가 되면, 내가 더 이상 원치 않는 액
체들이 나에게서 쏟아져 나온다. 그렇게 한바탕 쏟아내고 나
면, 그런 것이 있었다는 것에 넌더리가 난다. 하지만 후련함도
있다. 내 혈류의 독성물질들이 시원하게 배출된다. 카타르시
스 중독자들에게 책은 예배를 올리는 곳이다. 이곳에서 우리

는 우리가 더러운 존재라는 것을, 그리고 우리가 정화될 수 있는 존재라는 것을 인정한다.

4.

장 주네는 더러운 것들을, 더러운 것들의 의례를 알 만큼 아는 사람으로서— 동성애자이자 도둑이자 작가였다—숭고와 굴욕 사이에 길을 내는 삶을 살아갔다(고아로서의 삶, 도둑으로서의 삶, 수인으로서의 삶, 호모로서의 삶, 항문을 포함한 본인의 더러운 부분들에 헌신하는 삶이었다). 이상화와 헐뜯기를 그런 방식으로 연결하는 일은 그의 인생이자 그의 작업이었으나, 그에 대해 자세하게 이야기하는 일은 지루할 것이다. 간단히 요약하자면(이 거장의 상념을 내 나름대로 정리하자면), 주네는 본인의 창자에서 신을 발견했다. 『도둑 일기』에서 그는 이런 상념에 잠긴다: "군대, 경찰서와 경찰들, 감옥들, 강도당한 집, 숲의 영혼, 강의 영혼(밤이면 비난하거나 공모하면서 위협하는 것들), 그리고 내가 목격한 것들과 앞으로 더 목격할 것들이 내 안에 역겹고 두려운 감각을, 신이라는 관념을 내가 내 창자 속에서 양육하고 있구나 생각하게 만드는 그 감각을 만들어놓는다." 그리고 그 속에서 신을 발견한 덕분에(치욕의 현장에서 구원과 신적 변모와 영생을 발견한 덕분에), 대부분의 사람들이 더럽다고 여기는 것들의 내재적 근사함과 훌륭함에 대해 오만한 태도로 겁 없이 말할 수 있었다. 그는 사회가, 그리고 자기

카테터 (트로이의 왕비는 이제 왕비가 아니다)

가 욕망하는 남자들이 자기에게 굴욕을 가하고 있다고 느꼈고 (그가 욕망하는 남자들은 재소자, 포주 등 험악할 수밖에 없는 터프가이들이었다), 자기에게 가해지는 굴욕을 남들에게 굴욕을 가하겠다는 오만한 욕망으로 바꾸었다. 외양을 바꾸고 금박을 입히는 문체, 은유로 자수를 놓는 문체, 위계(신/창자)를 빠르게 뒤집는 문체가 여기서 나왔다. 그가 출렁거리는 우주에서 영원한 정박지를 얻은 것은 이런 문체를 통해서였다. 굴욕을 통해 연마된 스타일이 잠긴 성소를 열었다. 주네는 굴욕이 성적으로 자극적이라고 여겼다. 이 말은 그가 마조히스트였다는 말과는 다르다. 그가 굴욕을 성적으로 자극적이라고 여긴 것은 그것이 피할 수 없는 인생의 현실이라서였다. 존재한다는 것 그 자체가 다종다양하게 비뚤어진 방식으로 그의 경이감을 자극했다. 만개한 꽃들과 수인들이 서로 닮았다고 그는 생각했다. 『도둑 일기』 도입부에서는 격언을 인용하듯 단호하게 말한다. **"꽃들과 재소자들 사이에는 밀접한 관계가 있다.** 꽃들의 연약함, 섬세함은 재소자들의 험악한 둔감함과 같은 재질이다." 그리고 한 간결한 각주에서 이런 말을 덧붙인다. "나를 흥분시키는 것은 여기에서 저기로의 흔들림이다." 신에게서 창자로의 흔들림, 꽃에서 죄수에게로의 흔들림, 두 극단 중 한쪽이 아니라 양쪽 극단 사이의 아찔한 비행, 거기서 비롯된 쾌감의 경험. 그런 빠른 전환의 순간, 나는 굴욕으로 몸서리친다. 당혹스러운 감각, 얼어붙는 동시에 타오르는 감각. 굴욕의 순간이 닥쳐올 때마다 바로 그 감각이 내 등줄기를 타고 오르내린다. 우리는 어느새 T. S. 엘리엇의 곁으로 돌아와 있다. 끊임없이 움직이는 (불타는) 세계의 고정점. 그가 「리틀 기딩 Little Gidding」의 끝부분에서 "왕좌를 차지한 불의 매듭"이라고 표현한 그 지점. 어쨌든 『칵테일 파티 *The Cocktail Party*』에서 이렇게 쓴 것은 창백한 혈색의 헛똑똑이 톰 엘리엇이었다. "나는 굴욕에는 이골이 났어요/최근에는/굴욕을 당해도 굴욕을 느낄 수 없을 정도예요." 그 지점에 도달하는 것이 내 목표다. 그곳에 행복한 마취가 있고, 무심이 있다. 그곳에서는 굴욕이 더러움을 씻어낸다. 아니, 더러움 속에서 새로운 신성함을 발견한다. 밝은 칵테일 빛깔의 신성함을.

5.

이제 T. S. 엘리엇의 곁을 떠나 좀더 섹시한 장 주네에게로 돌아오자. 여기서도 금방 떠나겠지만, 그의 곁에 있을 동안에는 그가 대변하는 원칙을 잘 설명하고 싶다: **굴욕은 아픔이지만, 초월로 가는 우회로이기도 하다.** 초월은 잘못된 말인지도 모르겠다. **고통의 중지**가 더 맞는 말일지도 모르겠다. 아니면 굴욕이 그가 찾아낸 유일하게 의심의 여지가 없는 확고부동한 진실이었는지도, 그래서 그가 그토록 굴욕에 매달렸던 것인지도 모르겠다. 하지만 주네가 굴욕을 통해 강력한 변신술을 익혔다는 것(밀도 높은 의식을 회전문처럼 끊임없이 돌리면서 안과 밖의 차이를 없애고 있다는 것)에 대해 나는 아직 잘 설명하지 못하고 있다. 『도둑 일기』에서 주네는 자기가 어떻게 그런 원칙을 갖게 되었는지를 광시곡을 연주하듯 요약해놓았다. "이런 행동, 곧 가장 굴욕스러운 상황들 속으로 거의 유쾌하게 뛰어드는 행동은 여전히 나의 유아기적 상상력을 동력으로 삼고 있는 것 같다. 이 상상력은 한때 내게 […] 궁전을 만들어주었고, 조각상들 대신 경비원들로 가득한 공원을 만들어주었고, 웨딩드레스를, 상복을, 하객들을 만들어주었다. 하지만 그런 몽상들은 그 시기를 지나면서, 아니 거의 그 시기부터 빈곤한 삶 속에서 교정 시설 탓에, 수감 시설 탓에, 절도와 모욕과 매춘 탓에 극도로 저지당하다가 끝내 고갈되었으니, 그때부터 나는 내 욕망의 대상인 그것들, 내 생각의 습관을 장식하는 그 무늬들(그리고 그 무늬들을 가리키는 희귀한 표현들)을 가지고 지극히 자연스럽게도 내 실제 상황을, 내가 어른으로서 (하지만 우선은 감옥을 안다는 사실만으로도 희열을 느낄 만큼 비천한 아이로서) 처한 상황을 장식했다." 내가 미사여구를 사용하고 있다면, 내가 은유와 복잡한 문장에 의지하고 있다면, 내 앞길을 가로막는 온갖 더러운 것들을 내가 닥치는 대로 심미화하고 있다면, 내가 반사회적으로 행동하고 있다면, 내가 인기 없고 헷갈리는 방식으로 이야기하고 있다면, 내가 공중화장실에서 섹스하고 있다면, 내가 공중화장실에서 섹스하기에 대해 틈날 때마다 쓰고 있다면, 내가 '똥통'이라는 말을 입에 담을 때의 기괴한 쾌감 탓에 '똥통'이라는 말을 자꾸만 입에 담고 있다면, 그 이유는 나에게 굴욕을 안겨주었던 세계를 거부하고 싶기 때문이고, 내가 굴욕적 상황 속으로 뛰어들 때는 속 뚫림 작용이 늘 가능하다는 믿음과 함께 불가항력적으로(그리고 유쾌하게) 뛰어들기 때문이다. 프로이트가 『쾌락 원칙을 넘어서』에서 주장한 것처럼, 우리는 남이 당하는 굴욕을 보면서 즐거워하거나 자기가 처했던 굴욕 상황을 거침없이 되풀이하는데, 그것이 심각한 결과를 초래하지 않는 장난스러운 재연이라 하더라도 어쨌든 우리가 그러는 이유는 반복이 심리적 해소—고통의 중지—라는 감각을 불러일으키기 때문이다. 연극이나 영화에서도 글로스터나 헤쿠바 같은 등장인물이 굴욕을 겪는 장면이 나오는데(리어왕의 딸이 글로스터의 눈을 도려내는 장면, 한때 트로이의 왕비였던 헤쿠바가 "머리털을 민" 노예로 나오는 장면), 우리는 그런 장면을 볼 때도 쾌감을 경험할 수 있다. 프로이트의 말대로, "다 큰 어른들의 예술적 연극이나 예술적 모방에서 […] 관객은 (예컨대 비극의 관객은) 더없이 괴로운 체험을 면할 수 없지만, 그런 체험에서 커다란 만족을 느낄 수도 있다." 화가나 작가의 창작물과 마찬가지로, 아이들의 놀이 또한 참을 수 없는 굴욕의 영역에 시늉이라는 울타리를 세워줌으로써 아이가 그 영역에 머물 수 있도록 해준다. "이로써 분명해지듯 아이는 실생활에서 자기에게 큰 인상을 남긴 모든 것을 놀이로 반복하며, 그렇게 반복함으로써 자기가 받았던 인상의 위력을 속 뚫림 작용으로 해소한다. 표현을 바꾸면, 아이는 그런 방식으로 상황의 주인이 된다." 프로이트가 속 뚫림 작용에 대해 하는 말이 옳은지는 잘 모르겠다. 예를 들어, 주네는 어린 시절에 겪은 굴욕의 위력을 약화시키지 않았다. 그는 굴욕의 연금술 작업을 행했을 뿐이다. 속 뚫림 작용은 가치를 중화한다. 연금술은 가치를 높인다. 연금술은 상상력의 전환이자 윤리적 가치의 전환이다(니체의 용어를 빌리면, 가치의 재평가다). 주네는 굴욕의 자리(침, 악취, 정액)를 반복적으로 성애화하는 방식으로 윤리적 가치의 안과 밖을 뒤집는다. 시종일관 남성주의자masculinist인 주네는 "빈곤이 우리를 일어서게 한다"고 장담한다. "나병은 고독한 에로티시즘 속에서 스스로를 위안하면서 자신의 불행을 노래한다." 내가 지금 쓰고 있는 이 책은 굴욕 찬가이고, 이렇게 남근적인 면도 있지만, 이 책의 독자는 나를 용서해주리라 믿는다. 굴욕과 불결을 향했던 주네의 사랑 노래는, 반직관적 우회로를 한 바퀴 돌아서, 다정하게, 모성의 형상을 향한다. (그 이유는 어쩌면 주네의 모친이 생후 7개월의 그를 보육원에 맡김으로써 그에게 굴욕을 가했다는 데 있지 않을까? 아니면 그 이유는 어쩌면 우리가 무력한 몸으로 존재하기라는 굴욕을 처음으로 경험하는 관계가 어머니와의—그리고 아버지와의— 관계라는 데 있지 않을까?) 주네는 "생리적 노폐물과 물리적 폐기물을 통틀어 가장 쓸모없는 것에도, 심지어 토사물에도, 심지어 내가 내 어머니의 얼굴에 질질 흘리고 있는 타액에도, 심지어 당신의 배설물에도 다정하게 미소 지을" 수 있다. 우리의 우회는 언제나 배설물로 회귀한다. 주네를 비롯한 형사범-서정시인들이 엮어내는 상징망 속에서 그 배설물은 모성의 얼굴, 곧 의기양양하게 만들어주기도 하지만 굴욕을 안겨주기도 하는 최초의 시선과 그리 멀리 있지 않다.

6.

꽤 오래전, 20세기에 있었던 일이다. 당시 나는 어쩌다 한 번씩 매사추세츠주의 어느 기차역에 갔다. 에드워드 케네디가 주 상원의원으로 있던 좋은 시절이었고, 그 기차역의 남자 화장실에서는 상당량의 성애 밀거래가 이루어지고 있었다. 내가 그 화장실에서 본 장면들 중에서 가장 굴욕스러웠던 것—나는 그 장면을 몇 번이나 보아야 했다—은 휠체어에 탄 남자가 소변기 앞에 오랫동안 머물러 있는 장면이었다. 그가 배뇨 행위를 하는 경우는 없었다. 그에게는 카테터가 있었다. 그는 소변기 앞을 떠나지 않았고, 다른 남자들이 다른 소변기들 앞에서 자위를 하고 있으면 그 모습을 빤히 쳐다보았지만, 절대 동참하지는 않았다. 언젠가 한번은 그가 맨 왼쪽 소변기 앞에 앉아 있고, 나는 맨 오른쪽 소변기 앞에 서 있게 되었다. 우리 둘 다 다른 남자(더 섹시한 남자)가 나타나기를 기다리면서 시간을 흘려보냈다. 휠체어에 탄 그 남자와 나는 다른 누군가를 함께 기다렸다. 나는 그를 무시했고, 그는 나를 무시했다. 크루징하는 남자들은 종종 눈앞의 상대를 무시한다. 거절은 말 없이 이루어지지만, 당하는 쪽은 굴욕스럽다. (**당신은 트롤이 싫어. 나는 더 잘생긴 남자를 기다리고 있어. 당신은 내 타입 아니야.**) 그 휠체어 탄 남자는 백인은 아니었던 것 같은데, 그가 정확히 어떻게 생긴 남자였는지는 **비백인**이었다는 것 말고는 기억나지 않는다. 하지만 패배자처럼 생긴 남자였다는 것, 그것 하나만은 확실하다.

7.

다시 한번 이야기해보겠다. 내가 어느 남자 화장실에서 한 남자를 무시했던 이야기다. 그는 휠체어에 탄 상태로 한 소변기 앞을 지키고 있었지만, 배뇨는 그의 목적이 아니었다. 그는 바지 지퍼를 내리지 않고 있었다. 그는 그렇게 앉아서 신사 손님 gentleman caller*이 나타나기를 끈기 있게 기다리고 있었다. 나는 그가 그곳에 있다는 데서 굴욕을 느끼고 있었다. 우리 둘은 우리의 거룩한 선조가 "낯선 사람들의 친절"**이라고 지칭한 그 수상쩍은 보상을 그곳에서 함께 기다리고 있었다. 몇 번을

---

* 테네시 윌리엄스의 작품 『유리 동물원』에 나오는 표현이다.

** 테네시 윌리엄스의 『욕망이라는 이름의 전차』 중 여주인공 블랑시의 마지막 대사("우리는 늘 낯선 사람들의 친절에 의지해왔어요.")에 나오는 표현이다. 테네시 윌리엄스는 스톤월 항쟁 직후 게이로 커밍아웃했다.

다시 이야기해도 마찬가지다. 이 이야기의 목적은 장애인들이 수시로 겪는 굴욕을, 그리고 성애와 관련된 복잡한 안건을 안고 살아가는 사람들이 수시로 겪는 굴욕을 드러내 보이는 것이다. (장담컨대, 성애 관련 안건 중에 복잡하지 않은 것은 없다.) 그 휠체어 탄 남자는 나를 어떻게 생각했을지 궁금하다. 그는 카테터를 소변기에 걸고 배뇨하는 중이었을 수도 있다. 그 장면에서 기억나는 것은 별로 없다. 하지만 내가 어땠는지는 기억에서 사라지지 않는다. 나는 그의 눈을 똑바로 쳐다보면서 그의 가치를, 그의 존재를 인정한다는 신호를 전혀 보내지 않고 있었다. 그를 성적 적격자라고 여길 가능성이 전혀 없지는 않음을 인정한다는 신호를 나는 전혀 보내지 않고 있었다. 그 또한 내 눈을 똑바로 쳐다보면서 나와 똑같이 나에게 성적 부적격자 판정을 내리고 있었을 수도 있다. 우리는 둘 다 다른 사람(비교적 괜찮은 사람)을 기다리고 있었다. 화장실은 악취를 풍기고 있었다.

8.

영국『가디언』지에 실린 부고에 따르면, 테드 케네디는 생전에 말을 잘못해 최소 두 차례 굴욕을 자초했다고 한다. 나는 테드의 정치 이력을 꾸준히 지켜본 사람인데(팬심 때문이기도 하고, 흔한 케네디 우상화 작업 때문이기도 하다), 그가 언제 말로 굴욕을 자초했다는 것인지 기억이 나지 않는다.『가디언』

부고는 그의 1980년 대선 유세가 "시작부터 재난"이었다는 혹평과 "왜 대통령이 되고 싶으냐는 질문에 그는 시종일관 횡설수설했다"라는 주장을 포함하고 있다. 나도 케네디가 "당신은 왜 대통령이 되기를 원하는가?"라는 질문에 답하는 TV 영상을 시청했는데, 나라면 그의 머뭇거림을 "횡설수설"이라고 표현하지는 않았을 것 같다. 하지만 여기서 분명한 사실은 케네디의 퍼포먼스(모순적이고 회피적이고 장황한)가 언론에 의해서 가문의 수치에 해당하는 스캔들(우리가 이디시어로 샨다shanda라고 부르는)로 여겨졌다는 점이다. 한 번의 조마조마한 연설이 이렇듯 부고의 형태를 띤 형벌tar-and-feathering에 의해 "횡설수설"이라고 역사적 기록에 새겨지고 있다. 케네디는 1969년에 메리 조 코페크니 익사 사건* 직후에 행한 연설로 훨씬 더 심한 굴욕을 자초했다. 이 상원의원은 참회하는 죄인의 조심스럽고 망연자실한 목소리로 이렇게 말했다. "저는 오늘 밤 매사추세츠 분들에게 이 문제를 함께 생각해주시기를 부탁드립니다. 이 결정 앞에서 [⋯] 여러분의 기도를 부탁드

---

* 1969년 7월 18일, 테드 케네디(에드워드 케네디)가 몰던 자동차가 다리를 건너다 강으로 추락했는데, 그 혼자만 빠져나오고 현장을 이탈해, 동승자였던 메리 조 코페크니가 익사한 사건이다. 그가 채퍼퀴딕섬의 별장에서 열린 파티에서 술에 취한 비서 메리 조 코페크니와 새벽에 단 둘이 빠져나왔으며, 열 시간 동안 경찰에 신고하지 않고 사건을 은폐, 축소하려 시도했다는 점에서 미국에 큰 충격을 준 정치적 스캔들 중 하나다.

립니다." 그는 의원직을 사퇴해야 할까? 그는 이 사고를 딛고 일어설 수 있을까? (그는 불운 앞에서 절제와 완곡을 위해 노력한다는 표시로 이 사고를 가리켜 "이 비극적인 일"이라고 한다.) "이번 주는 저와 저희 가족 구성원들에게 고통의 한 주였습니다. 저희가 한 훌륭한 친구의 상실 앞에서 겪고 있는 슬픔은 남은 인생 내내 저희와 함께할 것입니다." 그는 이 죽음을 가리켜 "이번 사건들"이라고 한다. 여기서 그의 이런 어조나 발언, 행동을 흠잡으려는 것이 아니다. 나는 그저 사실에 주목하자는 것, 어떤 굴욕의 무대에서는—아니면 이런 식으로 **수컷 정치인의 굴욕**이 펼쳐지는 무대에서는—심각한 어조, 정치인의 합리적이고 무감각하고 추상적인 어조가 깔린다는 사실, 그리고 이렇게 가라앉은 어조는 (그리고 이런 어조가 은폐하고 있는 끔찍한 사건들, 비극적인 일들은) 일종의 포르노가 된다는 사실을 주목하자는 것이다. 메아 쿨파를 말하는 권력자들은 중립적인, 무감각한 어조로 말하고 있다 해도, 나를 경악으로, 동일시로 전율하게 한다. 나는 그의 무감각을, 그의 유책성을 알아볼 수 있다. **조리돌림당하는 남자**, 우리의 폭소와 질책과 비판 앞에, 우리의 난도질하는 조롱 앞에 꼼짝없이 까발려진 남자의 포르노를 나는 알아볼 수 있다. 『가디언』 부고에 따르면, 케네디는 "강간 사건으로 기소된 조카에게 무죄 판결이 내려진" 직후, "저질적인 사생활에 관하여 굴욕적인 공식 성명을 내야 한다는 의무감을 느꼈다." 케네디는 이렇게 말했다.

"저는 저 자신의 단점들을, 저의 사생활에서 행해지는 실책들을 깨달았습니다." 나는 이런 깨달음의 장면들을 알아볼 수 있다. 공개 석상에서, 그리고 TV 인터뷰나 TV 기자회견이라는 연극적 자리에서 시비가 가려질 때, 우리는 아리스토텔레스가 **아나그노리시스**anagnorisis(나는 누구인가, 내가 지금 어떤 곤경에 처해 있는가에 대한 갑작스러운 깨달음)라고 명명한 영역 안에 있다. 이제 TV 시청자들은 내 탓이라는 말을 정치인들 또는 스타를 꿈꾸는 연예인들의 육성으로 들을 수 있다. 누구라도 헤쿠바가 될 수 있다. 트로이의 왕비에서 삭발 노예로 전락한 헤쿠바가 이렇게 외친다. "나를 위해 울라/트로이의 여인들아/이 참담한 운명을 위해 울라/나는 예전의 내가 아니다/세상의 모든 운명 중 최악은/나의 운명이다"(에우리피데스, 『트로이의 여인들』, 앨런 샤피로 번역). 그녀는 비참하겠지만, 어쨌든 관객의 관심을 받는다. 그녀는 미친 자식에게 이렇게 외친다. "카산드라, 내 딸, 한때 너는 신들에게서 영감을 받았거늘/이제 너는 어느 굴욕의 침상에서 순결을 빼앗기려는가." 나는 학문적으로 몇 가지 죄를 저지르고 있다. 나는 굴욕당한 정치인들과 희생당한 그리스 비극의 여주인공들을 융합하고 있다. 나는 통약 불가능한 범주들 사이를 슬쩍 건너다니고 있다. 하지만 슬쩍 건너다니기는 내가 좋아하는 일이고, 여기에는 고상한 목적도 있다. 내가 이렇게 슬쩍 건너다니는 것은, 누군가가 굴욕당해 수치스러워하고 있다면, 그가 그런 벌을 받아 마땅하다 생각되더라도 친절히 대하라고 당신에게 충고하기 위해서다. 열정적인 운문으로든 무표정한 정치 화법으로든 공개 석상에서 한탄해야 하는 것은 헤쿠바와 테드 케네디 둘 다 마찬가지다. "이런 트로이는 이제 트로이가 아니다/ 트로이의 왕비는 이제 왕비가 아니다"라고 한탄해야 하는 처지를 반기지 않는 것도 둘 다 마찬가지다. 나는 테드 케네디가 아니다, 나는 메리 조 코페크니가 아니다, 나는 헤쿠바가 아니다, 나는 매사추세츠주 보스턴 남자 화장실의 휠체어남이 아니다. 아울러 나는 가족의 "명예를 더럽혔다"(『뉴욕타임스』의 표현)는 이유로 살해당하는 쿠르드족 가정의 딸이 아니다. 나는 "명예살인"이라는 이름으로 살해당한, "가족의 수치를 씻어내는" 의례라는 이름으로 살해당한 쿠르드족 가정의 딸이 아니다. 우리는 모두 자기 수치를 씻어내는 일에 골몰한다. 우리 중 일부는 그 일에 TV를 이용한다. 우리의 카테터는 리모컨에 연결되어 있다.

역겨운 혐의들

1.

내가 앨릭 볼드윈의 굴욕에 관해 쓰고 싶어진 이유는 그가 성적으로 매력적이라는 느낌을 받기— 받았기—때문일 것이다. 섹시하게 우람한 무비스타 앨릭 볼드윈이 딸 아일랜드에게 고약한 음성 메시지를 남겼다. 그 메시지를 누군가가 언론에 흘렸다. 그 메시지가 수백만 명의 귀에 들어갔다. 전화했는데 왜 안 받느냐고 그가 아일랜드에게 고함을 지르는 소리가 수백만 명의 귀에 들어갔다. 욕정을 채울 목적으로, 그리고 섹시스타의 말을 훔쳐내 수동 재생하는 쾌감을 느낄 목적으로, 그의 혼찌검 중 일부를 소개해보겠다. "이 시간에 통화를 하기로 했으면 받아야지, 내가 이 시간에 맞추려고 얼마나 개고생했는데 […] 너는 그 빌어먹을 전화기 전원을 아예 꺼놨냐. […] 나는 이제 너랑 이런 장난 더는 못 하겠다. 내가 하는 말

똑똑히 들어, 네가 나를 이런 식으로 모욕하는 건 이번이 마지막이야. […] 네 나이가 열두 살이건 열한 살이건, 네가 어린애건 뭐건, 네 엄마가 몰상식한 골칫덩어리건 뭐건 나는 그딴 거 신경 안 써. […] 이런 전화 장난으로 네가 내게 굴욕을 가하는 건 이번이 마지막이야. […] 이게 벌써 몇 번째냐, 네가 나를 이렇게 갖고 놀 때마다 나는 똥 된 기분, 바보 된 기분인데, 그 빌어먹을 전화기로 너희 엄마를 이렇게 갖고 노는 건 꿈도 못 꾸는 주제에 […] 나 지금 비행기 탈 건데 […] 엉덩이 딱 대고 기다려." 그러고는 딸더러 "버르장머리 없는 작은 돼지"라고 한다. 그러고는 "버르장머리 없는 작은 돼지"라는 욕을 되풀이한다. 얼마 후에 그는 바버라 월터스와의 인터뷰에서 이 사건에 대해 공개 사과했다(TV 공포증을 앓고 있는 나의 한정적 정보를 토대로 미흡하게나마 판단해보건대, 바버라 월터스는 상대에게 공감하는 척하면서 상대를 부비트랩으로 안내하는 인터뷰 수법의 전문가다). 자기변호에 나선 앨릭은 (자기 딸을 제외하고는 그 누구도 들어서는 안 되었을 사적인 전화 메시지를 포함해서) 스타들의 추문을 공개하는 타블로이드 기자들을 가리켜 그들이야말로 "수치스러운 비밀을 품고 사는" 자들이자 "남에게 굴욕을 안기는 짓으로 먹고사는" 자들이라고 했다. 우리 미디어 창녀들에게 "자기혐오와 수치가 가득하다"는 말이 사실이든 아니든, 앨릭 볼드윈의 ("버르장머리 없는 돼지"인 딸을 혼내다 딱 걸린) 공개 망신 사건 앞에서도 나의 태도는 평소와 다름없이 메스껍다. 한 남자의 몰락을 구경하고 있는 것도 평소와 마찬가지고, 나는 왜 이런 구경꾼 역할을 거부하지 않나, 나는 왜 스타 짓밟기로 장사하는 타블로이드 업계를 무시하겠다고 다짐하지 않나 자문하고 있는 것도 평소와 마찬가지다.

2.

1861년에 『린다 브렌트 이야기: 어느 흑인 노예 소녀의 자서전』이라는 제목으로 출간된 19세기 자서전에서 해리엇 제이컵스는 노예로 태어난 아프리카계 미국인이 날마다 겪는 끔찍한 굴욕을 묘사한다. 해리엇은 주인의 "권위와 세도를 수립하고 유지하는 데는 잔인함이 가장 효과적인 방법"이라는 것을 알고 있고, 그런 이유에서 "내가 꺾이고 짓밟히는 모습을 보는 것이 그녀[주인의 아내]의 가장 큰 기쁨"이라는 것도 알고 있다. 해리엇은 주인의 성적 괴롭힘에 시달리면서도 주인의 접근을 거부한다. 주인이 아닌 남자("백인 미혼 신사")와 성관계를 하고 임신이 되었을 때는 애초에 "노예"였다는 데서 굴욕을 느꼈던 것보다 그렇게 "타락한 여자"가 되었다는 데서 더 큰 굴욕을 느낀다. 그녀는 "나를 불쌍히 여겨주기"를 "정숙한 독자"에게 간청한다(마치 모든 독자가 정숙한 존재이기라도 하다는 듯). "당신은 모른다. 노예로 산다는 것이 어떤 것인지, 법의 보호나 관습의 보호를 전혀 받지 못한다는 것이 어떤 것인지, 법이 당신을 타인의 의지에 철저히 종속된 물건의 처지로 끌어내린다는 것이 어떤 것인지 당신은 전혀 알지 못한다." 하지만 그녀는 물건의 처지에 '굴욕'이라는 단어를 갖다 붙이지 않는다. 그녀는 성적인 명예sexual honor의 상실을 언급할 때만 이 단어를 사용한다("그 고통스럽고 굴욕적인 기억은 내가 죽는 날까지 나를 괴롭힐 것이다"). 그녀가 주인에게 "나는 몇 달 뒤에 엄마가 됩니다"라고 말하는 순간은 자존감 상실의 순간이다. 그녀는 더럽혀지지 않은 독자에게 고백한다. "그때 내가 얼마나 심한 굴욕을 느꼈는지!" 제이컵스의 책에서 '굴욕'이라는 단어가 주로 성적인 불명예sexual dishonor의 맥락에서 나타난다는 점을 이렇게 지적하는 것은 의미론 전문가의 까탈 때문이 아니다. 굴욕의 상처는 신체의 은밀한 부위를 직접 침해한다. 굴욕은 괴로움, 취약함, 욕구, 몸의 풀리지 않는 매듭이라는 사적 차원을 사람들의 시선이라는 공적 차원으로 끌어냄으로써 안이 밖으로 나오게 하고 밖이 안으로 들어가게 한다. 그 순간, 피해자는 안에 있던 것이 밖으로 밀려 나오는 역겨운 느낌이 어떤 느낌인지 알게 된다. 기본권을 박탈당한 층의 강간 피해자든, 가해자를 매도할 수 있는 기득권층 피해자든, 몸의 그로테스크한 밑바닥 성분이 토사물처럼 게워져 나오는 것은 마찬가지다. 린다 브렌트라는 가명으로 본인의 이야기를 쓰고 있는 해리엇 제이컵스를 대변한다는 것은 나에게는 주제넘은 짓이다. 피해자로서의 경험을 명료하게 표현하고 있는 해리엇 제이컵스를 대변한다는 것은 누구에게든 주제넘은 짓이다. 그녀가 막 열다섯 살이 되었을 때(그녀는 그 문턱의 해를 "노예 소녀의 인생에서 비참한 시절"이라고 부른다), 성 고문이 시작된다. "내 주인이 내게 더러운 말들을 속삭이기 시작했다." 굴욕은 공백이라는 형언할 수 없는 흔적을 뒤에 남기지만 언어 강간 피해자인 그녀에게는 바로 그 공백을 가늠하기에 충분한 내면 의식과 자아 의식이 있다. "노예로 살면서 너무 잔인하게 취급당한 탓에 자기의 위치가 얼마나 굴욕적인지 느끼지 못하는 경우도 있다는 사실은 나도 알고 있다. 하지만 많은 노예들은 굴욕을 매우 고통스러워하고 굴욕의 기억 앞에서 뒷걸음질 친다. 내가 그런 수모를 당하면서 얼마나 괴로웠는지, 지금까지 그 기억이 얼마나 고통스러운지 말로는 표현할 수 없다." 그녀는 이야기를 제대로 들려주지 못한다. 심한 고통을 느끼는 탓에 묘사의 재능 앞에서 뒷걸음질 친다. 해리엇 제이컵스가 실제로 어떤 감정을 느꼈는지를 알아내기는 어렵다. 그녀의 언어는 굴욕의 흔적인 공백을 가리켜 보일 뿐, 그 공백을 충만하게 채워내지는 못한다. 성적인 불명예가 실제로 그녀를 가장 고통스럽게 했던 상처인지, 아니면 그저 제이컵스가 자서전이라는 형식과 함께 채택한 감상적인 관습들로 인해 성적 정숙함에 대한 공격을 다른 것들에 비해 특별하게 다룰 수밖에 없었던 것인지조차 우리는 알아낼 수 없다. 방금 나는 두 사람의 상황에 유사성이 있기라도 하다는 듯 앨릭 볼드원에서 해리엇 제이컵스로 화제를 돌림으로써 수사학적으로 혹은 윤리학적으로 용납될 수 없는 짓을 저질렀는지도 모르겠다. 나는 미국의 역사를 상기함으로써 '굴욕'이라는 단어의 떨어진 위신을 다시 세우고 싶었던 것인지도 모르겠다. 앨릭 볼드윈이 "타블로이드 미디어"라고 칭하는 자들은 고함을 지르는 스타들에게 돌총과 화살slings and arrows*을 쏘는 잔인한 악행을 저지르지만(고함을 지르는 스타들도 우리의 동조를 얻을 수 있고, 사생활을 부당하게 공개당한 경우에는 더더욱 그럴 수 있다), 미국 역사에서 저질러진 잔인한 악행은 그것만이 아니라는 사실을 나 자신이 깨우치기를 바랐는지도 모르겠다. 그리고 정숙한 독자여, 당신도 깨우치기를 바랐는지도.

3.

마이클 잭슨이 〈60분〉과의 방송 인터뷰에서 로스앤젤레스 경찰에게 어떤 험한 꼴을 당했는지 털어놓고 있다. 나는 그의 충격적인 서사를 따라 매혹과 공포의 정원 오솔길을 내려간다. 그의 이야기가 이어지는 동안 나는 마이클과 함께 굴라크 골짜기에 억류된 채로 그 바깥의 관계자들에게는 도저히 설명할 수 없을 일을, 차마 입에 담지 못할 일을 엿듣고 있는 것만 같다(서사의 시간은 서사에서 드러나는 트라우마의 시간보다

---

* 『햄릿』에 나오는 표현.

짧다). "그분들은 일부러 그랬던 거예요, 나를 하찮게 만들려고, 내 자존심을 무너뜨리려고 […] 막 대했어요. 아주 거칠게 […] 수갑을 채웠는데 […] 등 뒤로 너무 꽉 조여서 […] 그런 자세로 계속 있으면 상처가 나는 걸 알면서 […] 그때 한번 내가 화장실 좀 쓰게 해주세요 그랬더니, 그분들이 '실컷 써, 저기서 꺾으면 바로야' 그러더니 […] 내가 들어가니까 밖에서 문을 잠그더라고요. 그렇게 한 45분쯤 갇혀 있었어요. […] 벽, 바닥, 천장에 온통 응가doo-doo가, 아니 똥feces이 칠해져 있었어요. 악취도 심했고요. 그때 경찰관 한 분이 창문 쪽으로 다가오더니 비꼬는 말투로 한마디 하더라고요. '냄새 참 구리네. 그렇게 그 안에 있으면 구린 줄도 모르나 봐? 냄새 어때? 괜찮아?' 그러길래, 나는 그냥 '괜찮아요, 나쁘지 않아요' 그렇게만 말했어요." 마이클의 시련이, 그리고 스타의 공개 발언 그 자체에 수반되는 시련이 나에게만큼 당신에게도 충격적이라면, 부디 그의 1993년 기자회견을 자세히 그리고 연민을 가지고 들어보기를 바란다. 여기서 그는 아동 성추행 혐의로 경찰에게 몸수색을 당했던 것에 관해 언급하고 있다(그의 표현에 따르면 "소름 끼치는" 경험이었다). "나에게 부적절 행위의 혐의가 있다는 것과 관련해서 최근에 역겨운 말들이 많이 나왔어요. 전부 거짓말이에요. […] 나는 며칠 전에 '샌타바버라 카운티 보안국'과 '로스앤젤레스 경찰국' 조사에 응해야 했어요. 인간성을 파괴하는 굴욕적인 조사였어요. 조사관 분들은 나에 대한 수색영장을 갖고 있어서 내 음경, 내 둔부, 내 하반신, 허벅지를 포함해서 내 신체 중 원하는 곳이면 어디든 구경하고 촬영할 수 있었어요. 변색이든, 반점이든, 얼룩이든, 뭐가 됐든 백반증이라는 피부색 장애의 증거를 찾아야 한다는 거였어요. […] 내 인생에서 가장 굴욕적인 시련이었어요. 그 누구도 두 번 다시 겪어서는 안 될 시련이에요. 그런데 나한테 그런 식으로 조사당하는 치욕을 경험하게 한 뒤에도 그분들은 만족하지 못했어요. 그러고도 사진을 더 찍어야겠다는 거예요. 악몽, 소름 끼치는 악몽이었어요. […]"내가 이런 식으로 비체가 된 스타들의 말을 인용하는 것을 부디 용서해주기를 바란다. 나는 그들의 자기변호와 자기부죄自己負罪를 한마디 한마디 듣는 것을 좋아하고, 글에 인용함으로써 기록으로 남기는 것도 좋아한다(굳이 그 이유를 찾자면, 스타 화법의 독특한 점들, 곧 과장하고 단순화한다는 점, 바로크적 장엄함과 값싼 평범함 사이에서 아슬아슬하게 줄타기한다는 점, 허심탄회함과 얼버무림 사이의 섬뜩할 정도로 좁은 경계선에 자리 잡는다는 점이 나를 거의 인류학적으로 매혹시키기 때문일 수 있다). 마이클 잭슨의 인생은 이 공개 증언의 순간에 내파함으로써 굴욕의 여러 지층을 드러내는데, 각각의 지층을 하나씩 다루어볼 만하다. (1) 마이클 잭슨은 아이들과 동침함으로써 그 아이들에게 굴욕을 가했다는 혐의를 받는다. (2) 미디어는 그에게 발언할 기회를 주고 그 발언을 중계함으로써 그에게 굴욕을 가한다. (3) 경찰은 그에게 수갑을 채우고 그의 신체를 검사하고 촬영함으로써, 그리고 그를 냄새 나는 화장실에 감금함으로써 그에게 굴욕을 가한다. (4) 그는 체포되기 훨씬 전에 대대적인 (어떤 면에서는 안 하느니만 못한) 성형수술을 받음으로써 자기 자신에게 굴욕을 가했다. (5) 그보다 더 오래전에(어렸을 때), 그의 아버지는 그를 때림으로써 그에게 굴욕을 가했다. 비평가 마고 제퍼슨은 『마이클 잭슨에 관하여 *On Michael Jackson*』라는 계몽적인 저서에서 잭슨 형제들의 굴욕에 대해서 언급한다("춤을 추다 스텝을 놓친 아이는 매질당했고, 조롱당했고, 실수가 없었던 나머지 아이들 중 아무나와 경멸조로 비교당했다"). 경찰이 그에게 가한 굴욕과 그가 공개 증언에서 스스로에게 가한 굴욕 속에서 옛 굴욕들이 메아리친다. (6) 마이클이 어렸을 때, 미디어 업체들은 그를 연예계에 들어오게 함으로써 그에게 굴욕을 가했다. 아역 스타가 된다는 것은 귀한 경험 같은 것이 아니다. 아역 스타를 만드는 것은 학대의 한 형태이고, 우리들은 관중으로서, 시청자로서 그 학대의 공범이다. 제퍼슨이 주장하듯, "아역 스타들은 성인의 신화들에 부응해야 한다. 그 아이들은 성인들을 위해 노동한다. 그 아이들은 성인들이 쓴 각본대로 '아이다움'을 연기한다(그리고 그런 연기를 하기 위해서 성인의 노동 시간을 감당한다)." 마이클 잭슨이 아이들을 상대로 '부적절 행위'를 했다는 혐의를 받았다고 치자. 우리는 어떤가? 우리도 마이클 잭슨을 상대로 부적절 행위를 한 것이 아닌가? 그의 공연들은 관중에게 성애적 쾌감과 음악적 쾌감을 안겨주지 않았는가? 제퍼슨은 우리가 공범이라는 점을 분명히 한다. "우리는 마이클 잭슨이 아이들을 이러저러하게 대하는 것 같다는 우리의 생각, 우리의 믿음, 우려를 말한다. **우리**가 아역 스타들을 어떻게 대하고 있는지에 관해서는 아무 말도 하지 않는다. 아역 스타들은 우리 문화에 의해 학대당하고 있다." 나도 덧붙이겠다. 아역 스타들은 우리 문화에 의해 굴욕당하고 있다. 관객들은 신동을 찬미하는 체하지만, 그런 식의 찬미는 손톱 광택제처럼 쉽게 닳아 없어진다. 어린 셜리 템플*들은 모두가 상처 입은 희생자이자 학대를 담는 그릇이다(가짜 애정을 과하게 퍼붓는 것도 학대고, 동일시를 감당할 준비가 안 된 얼굴을 동일시의 대상으로 삼는 것도 학대다). 마이클 잭슨도 죽는 그날까지 아역 스타에 머물러 있었다. 향년 50세였다. (글로리아 스완슨이 〈선셋 대로〉를 찍은 게 바로 그 나이다. 이 영화의 마지막 클로즈업은 부족함을 투명하게 드러내는 그녀의 얼굴에 바치는 찬미인 동시에 그녀의 얼굴에 가해진 굴욕이었다.)

---

* 1930년대 대공황기에 천진한 매력으로 전 세계를 사로잡은 아역 배우. 〈브라이트 아이즈〉〈하이디〉 등으로 국민적 사랑을 받았다. 성인이 되어 외교관으로 변신해 공적인 삶을 살았다.

4.

아역 스타덤의 굴욕에 관해서 마이클 잭슨이 유익한 정보를
나눌 수 있었을 업계 동료로는 엘리자베스 테일러와 라이자
미넬리가 있다. 특히 라이자는 굴욕당한 셀럽들을 향한 내 호
기심의 대들보다. 〈래리 킹 라이브〉 라이자 편을 시청하는 동
안(나는 이 영상을 내 수치의 불가마인 유튜브에서 찾아낸다), 나
는 라이자를 향한 복잡한 사랑을 경험한다. 그녀의 음성은 알
코올에 젖은 기관지로부터 갈라져 나오는 듯 가래 끓는 소리
와 껄껄 소리가 너무 편안하게 섞여 있어 말소리라기보다 웃
음소리에 가깝다. 말과 말이 아닌 소리 사이의 기분 좋은 틈새
들을 점령하는 음성, 그 음성의 결을 단순한 인용을 통해 재현
하기는 불가능하다. "어허! 〔껄껄껄〕 아니, 이봐, 엘리자베스
테일러를 여기서 왜 들먹이는 건데! 〔아하하〕 [⋯] 나도 기억
나. 맞아, '베티 포드 센터'에 들어갔을 때 내가 엘리자베스 테
일러한테 전화를 걸었어. 내가 전화로 막 이랬지. '그놈들이
나에 대해 이러쿵저러쿵 떠들고들 자빠졌어!' 그랬더니 그이
가 '넌 그딴 걸 읽니?' 그러더라. 그래서 내가 '읽는데?' 그랬거
든. 그랬더니 그이가 '그딴 거 읽지 마!' 그러는 거야." 아하하,
아하하, 큭큭큭, 아하하, 껄껄껄. 이 인터뷰는 승리의 개가, 살
짝 울분의 색깔을 띠는 희극적 개가다. 그녀는 망가진 모습이
다. 라이자 미넬리에게 실제로 굴욕이 가해지고 있는 것은 아
니다. 그저 카메라용 차분함을 사랑스럽게, 당황스럽게 놓아

버린 모습일 뿐이다(여과 없이 아무렇게나 흘러나오는 말들 하며, 너무나 저속한, 너무나 다듬어지지 않은 모습이다). 라이자 미넬리에게 굴욕이 가해졌다고 하면 과장이겠지만, 나는 그런 식으로 과장하는 경향이 있다. 나는 라이자의 그런 모습, 미친 듯이 화를 내고 과도하게 열을 내며 부지불식간에 정상적 행동의 선을 넘는 듯한 모습을 보면서 불순한 쾌감을 느끼게 되는데, 내가 그런 느낌을 받는 이유는 라이자가 굴욕당하고 있고, '스타'란 수치라는 통과의례를 거쳐야 하는 직업이라는 나의 가정 때문이다. 그녀의 전남편 데이비드 제스트가 공개 석상에서—이혼 소송에서—그녀가 술 취한 상태로 자기를 때렸다고 (너무 세게 때려서 "머리 쪽에 심각한 부상을 입었다"고) 주장했을 때도, 그녀는 그것을 그저 머지않아 잦아들 굴욕으로 여겼던 것이 아닐까 싶다. 그녀가 〈래리 킹 라이브〉에서 실제로 술 취한 상태였는지 아니면 그저 술꾼의 기행증을 연구해 자기만의 과대망상 히스테리 브랜드(시청자가 사랑을 퍼붓지 않을 수 없게 만드는 연극적 과장)를 창조한 것인지 나는 결코 알 수 없을 것이다. 나는 2008년에 '뉴욕 팰리스 극장'에서 그녀의 라이브 공연을 보았다. 열렬하게 환호하는 우리 청중을 향해 그녀는 마치 엄마를 향해 말하듯 계속 사랑한다고 말했다. 나도 그녀의 엄마가 되었다는— 아니면 그녀의 엄마, 그녀의 아빠로 캐스팅되었다는—느낌으로 라이자를 칭찬했고, 응원의 함성을 보냈고, 그녀가 노래를 잘 부르지 못하는 것 때문에 굴욕스러워하지 않도록 애썼다. 나는 실수할 위험, 결점이 드러날 위험, 천박해질 위험을 감수하는 라이자의 무대에 감동할 수밖에 없었다. 그녀는 그 무대에서 굴욕을 자신의 기원이자 토대로, 항존하는 위험으로, 공기이자 양분으로 받아들이고 있었다. 물론 그녀는 실패를 원치 않았다. 하지만 그녀는 굴욕이 모든 노래의 그림자라는 것을 알고 있었다.

5.

라이자는 마고 제퍼슨이 (마이클 잭슨을 비롯한 아역 스타들에 대해 논의하는 맥락에서) "쇼 비즈니스의 역사를 구성하는 지층들"을 안에 품고 있는 "유적 발굴 현장"이라고 명명한 부류다. 라이자는 주디를 안에 품고 있다. 상처 입은 라이자의 모습은 그녀가 과거에 반응하는 방식이기도 하지만, 과거의 귀환을 알리는 신호, 과거가 비브라토와 칭찬 중독증이 되어 그녀의 살아 있는 몸에 들어와 있다는 신호이기도 하다. 주디가 겪은 굴욕들(프로듀서 루이스 B. 메이어에게 "나의 작은 곱추"라고 불리는 등)은 라이자가 연기나 공연을 펼치는 무대에서도 드러나지만, 더 중요하게는 라이자가 가장 훌륭하게 소화하는 공론장 겸 무대인 각본 없는 방송(토크쇼, 인터뷰)에서 드러난다. 라이자가 〈래리 킹 라이브〉에서 취한 모습으로 등장하는 것은 주디의 굴욕을 말하는 방식이자 주디의 딸로 살기, 즉 내 어머니였던 망가진 인간에 대한 격분을 절대로 사람들 앞에서 드러내서는 안 되는 딸로 살기의 굴욕을 말하는 방식이다. (당신이라면 주디 갈런드의 딸로 살고 싶겠는가?) 퍼포먼스 문화—'히트'해야 한다는 압박—가 병이라면, 퍼포먼스 망치기는 약이다. 라이자도 이따금 퍼포먼스를 망친다. 어떤 연예인이 퍼포먼스를 망칠 때(좀더 정확하게 말해서, 변칙적이고 평판을 해치고 무책임하고 지리멸렬한 퍼포먼스, 더 관습적인 배우에게는 굴욕적이라고 느껴질 수 있을 다듬어지지 않은 날것의 퍼포먼스가 행해질 때), 그 아티스트는 퍼포먼스 시스템 전체에 공격을 가하는 것이나 마찬가지다. 거짓 자아 파드되 pas de deux*의 유리 동물원이라고 할 수 있는 시스템, 스타와 청중 모두에게 불행의 협업자 자리를 배정함으로써 스타와 청중에게 굴욕을 안기는 시스템을 교정하는 데는 그런 공격이 필수적이다. 라이자는 한때 주디로부터 받아 삼켰던 가짜 사랑을 게워 올린다("연예인 콘텐츠가 그런 거야!"). 이제 그 가짜 사랑을 연예인 콘텐츠에 중독된 우리가 받아 삼킨다. 우리는 스타와 관중으로서 서로를 향한 공포라는 공생적 유대 관계 속에 묶여 있다. 다시 말해, 라이자는 우리가 이탈하고 불참하고 배신하는 데서 굴욕을 느끼고, 우리는 라이자의 파멸을 마주하는 데서 굴욕을 느끼고, 라이자는 주디의 몸을 재再

---

* 발레에서 두 무용수가 함께 추는 2인무를 말한다. 대개 남녀 무용수가 서로의 동작과 감정을 주고받으며 완성한다.

구현해야 한다는 데서, '엄마'의 사후생이라는 비에 젖은 성화봉을 옮겨야 한다는 데서 굴욕을 느끼고, 우리는 이렇게 몸 안에 (목구멍에, 창자에) 역겨운 종류의 사랑이 있음을 감지하는 데서 굴욕을 느낀다(이런 사랑은 아무 이유 없이 생기기도 하지만, 우리에게도 있고 그녀에게도 있는 공인되지 않은 공격성 때문에 생기기도 한다). 라이자는 격노할 만한 이유가 있다. 우리도 격노할 만한 이유가 있다. 라이자가 대성공을 거두더니 실패하고, 실패하더니 다시 대성공을 거두는 모습을 이렇게 지켜보면서, 우리는 모녀의 유대 관계 내부에서 맹렬하게 현존하는 굴욕의 모습을 목격한다.『더 이상 어머니는 없다』에서 시인 에이드리언 리치는 가부장제하에서 어머니의 무력함을 지켜보는 딸의 경험에 관해 썼다. "수많은 딸들은 자기 어머니에 대한 격분 속에 살아간다. '무슨 일이 일어나든' 아무 저항 없이 너무나 순순히 받아들였다는 이유에서다. 어머니의 부당한 희생은, 어머니 본인을 욕보이는 데서 한 발 더 나아가, 여자라는 것이 무엇을 뜻하는가에 대한 답을 찾기 위해 어머니를 지켜보는 딸까지 망가뜨린다. 중국의 전통이던 전족 여성과 마찬가지로, 그녀는 고통의 원인을 대물림한다." 비교의 후안무치함을 부디 용서해주기를 바란다. 만약 주디 갈런드를 여자라는 것이 무슨 뜻인가에 관한 메시지를 딸에게 대물림하는 전족 여성이라고 치면, 라이자가 주디의 딸로서 어떤 '훼손'을 당하고 있는지 상상해볼 수도 있고, 우리가 라이자를 지켜보면서 어떤 굴욕을 당하고 있는지 상상해볼 수도 있다(우리 스스로를 그 전족 스타의 **손주 세대**라고 상상해볼 수도 있다). 우리는 그녀의 노래 〈뉴욕, 뉴욕〉을 반복 재생하고(심지어 환호하고, 심지어 으스스한 쾌감으로 전율하고), 라이자는 스타로 산다는 것이 무슨 뜻인가라는 몸의 메시지를 우리에게 대물림한다. 스타라는 것은 존귀함과 부유함과 사치와 안락을 뜻할 수도 있지만, '샌타바버라 카운티 보안관'에게 당신의 둔부를 보여준 뒤 TV에 나와서 그 경험을 전 세계에 전한다는 뜻일 수도 있다. 스타로 산다는 것은 벨에어*의 저택을 뜻할 수도 있지만, '로스앤젤레스 경찰국'에 체포되어 45분 동안 응가가 덕지덕지 처발라진 화장실에 감금당한다는 뜻일 수도 있다. 스타로 산다는 것은 개인 항공기와 해리 윈스턴**의 보석을 뜻할 수도 있지만, '베티 포드 센터'에서 진전섬망 환자가 된다는 뜻일 수도 있고, 다른 사람들의 머릿속에 당신의 야한 캐리커처가 새겨져 있다는 뜻일 수도 있다. 하지만 그렇게 새겨진 모습이 항상 야하기만 한 것은 아니다. 수많은 팬들의 마음속에는 추락한 스타를 위한 진짜 성소, 아이러니 없이, 박정함 없이 지켜나가는 성소가 있다.

---

* 로스앤젤레스의 부촌.

** 미국의 하이 주얼리 브랜드.

나는 라이자 미넬리 문단을 쓰는 동안 어느 관타나모 수감자
가 겪은 악몽 같은 경험을 집어넣어야겠다고 생각했다. 하지
만 여러 번 시도했음에도 불구하고 제대로 해내지 못했다. 이
모습을 지켜보는 목격자가 있었다면, 필시 가당찮은 시도들
이라고 말했을 것이다. 라이자의 굴욕은── 우리가 그것을 굴
욕이라고 불러도 된다면──그 수감자의 경험과는 아무 공통
점도 없다. 그 수감자는 무함마드 알카타니라는 남자로, 미국
'상원 군사위원회'에 따르면, "군용견들에게 위협당했고, 수
주간 수면 시간을 박탈당했고, 발가벗겨지고, 개 목줄이 채워
지고, 개 재주 부리기를 강요당했다"(『뉴욕타임스』, 2008년 12
월 18일 보도). 『타임스』에 따르면, 이 심문 기술은 '미국 육군
야전교범: 심문편'(FM 34-52)에 "자존 & 자아 내려pride and
ego down"라는 제목으로 실려 있다. 이 기술의 목적은 (『타임
스』에 따르면) "굴욕을 가함으로써 저항을 제압하는 것"이다.
한 스타의 몰락과 재기를 다루는 문단에 이 지독한 사실을 집
어넣을 필요는 없다. 하지만 가벼운 고통에서부터 말로 표현
할 수 없을 정도의 고통에 이르기까지 다양한 단계의 고통을
동시다발적으로 감지할 수 있는 의식이 우리를 짓누르고 있
다. 단, 인간의 몸이라는 것이 다종다양한 "개 재주 부리기"의
끔찍한 잠재력을 가지고 있다고는 해도, 고통의 단계를 연속
선이라고 부를 수는 없다.

7.

나는 포르노 사진을 즐겨 본다. 보는 것은 대개 게이 사진이고, 모델이 내 눈을 똑바로 쳐다보는 것을 특히 좋아한다. 때로 나는 그의 시선에서 거북함이나 무심함을 느낀다. 때로 나는 그의 시선에서 흥분이나 프라이드를 느낀다. 물론 내가 그의 시선에서 느끼는 감정은 내 감정의 투영이다. 보통 나는 그가 나보다 우월하리라고 상상한다(그의 섹시한 몸은 노출될 자격이 있다). 하지만 나의 최애 사진들은 아마추어 포르노로 영업되는 것들이다. 이런 사진에는 '진짜' 남자들(맹장수술 흉터가 있고 가슴에 털이 난 남자들, 근육이 부실한 남자들, 어떤 측면에서는 촬영에 적합한 것 같지 않은 남자들)이 찍혀 있다. 모델의 눈을 들여다보는 동안, 나는 그와 마주 보고 있다는 데서 기쁨을 느낀다. 그는 내 시선을 받아내는 것 말고는 선택지가 없다. 그런데 만약에 모델이 지금 이 노출에 굴욕을 느끼고 있거나 나중에 몇 년이 지나서 이 노출에 굴욕을 느끼게 된다면? 만약에 이 사진이 인터넷 유통을 의도하지 않은 사적인 사진이라면? 만약에 모델이 당시 술 또는 약에 취해 있었거나 어쩔 수 없어서 협조했던 것뿐이고, 나중에 그 결정을 후회했다면? 포르노 사진의 모델은 내가 가하는 굴욕의 '대상'이 아니겠느냐고, 그가 느끼는 굴욕이 내가 포르노 사진에서 얻는 쾌감의 한 가지 요인이 아니겠느냐고 주장할 수도 있을 것이다. 뭐 때문인지는 모르겠지만, 최근 나는 NewYorkStraightMen.

com이라는 웹사이트를 들락거리게 되었다. 이 남자들이 정말 뉴욕에 사는지, 정말 이성애자인지 알 수는 없지만, 그들이 다 이성애자인데 돈이 필요해서 옷을 벗기로 한 것이라는, 그래서 일부 이성애자들에게는 굴욕적이거나 불쾌할 수 있을 일에 이렇게 종사하기로 한 것이라는 상상을 해볼 수는 있다. (이런 일은 아주 고된 노동은 아니다. 모델들이 하는 일은 블로우잡을 받는 것, 그러면서 과묵하게 상투적인 감탄사를 웅얼거리는 것이다. 동성애의 역사를 보면, 예전의 '러프 트레이드rough trade'[*]가 그런 이미지였다. 러프 트레이드에게 화답을 기대하는 사람은 없다.) 사진 속의 '뉴욕 스트레이트 남자'가 내 눈을 똑바로 마주 볼 때, 내 몸에서는 한 편의 이야기가 펼쳐진다. 그가 낯 뜨거운 순간에 나한테 딱 걸렸다고 상상한다. 그는 이제 내 밑에 있다고, 자기의 예속성과 취약성을 나에게 자백한 것이나 마찬가지라고 상상한다. 이제 그는 내 욕망을 인정해야 한다. 그는 내 욕망에 분노를 표할 수도 없고 내 욕망의 시비를 가릴 수도 없고 내 욕망을 무시할 수도 없다. 그가 아무리 내 욕망의 무도함에 대해 훈계한다 해도, 내 욕망이 존재한다는 사실은 바뀌지 않는다. 그는 나의 이런 욕망 앞에, 이렇게 엄연히 존재하는 욕망 앞에 굴복해야 한다. 나는 그가 내 시선을 그다

---

[*] 게이 남성과 성관계를 맺지만 자신은 게이가 아닌, 거칠고 남성적인 이미지의 하층계급 남자를 가리키는 은어.

푸가 8

지 반기지 않을 때 그를 바라봄으로써 그를 '범했다'─그를 나의 애처로운, 엄연한 욕망에 억지로 끌어들였다.

8.

'헝크스월드HunksWorld'라는 또 다른 웹사이트에서 내 최애 모델(벤 도지라는 이름으로 검색되는 남자)의 동영상과 스틸사진들을 발견했다. 그의 몸에 대한 상세한 묘사로 당신을 지겹게 하지는 않겠다(앨릭 볼드윈을 닮았는데 입술이 더 두껍고 눈썹이 더 짙어 호전적인 분위기가 더해진다고만 말해두겠다). 그의 실명이 벤 도지는 아닐 것이다. '헤어리 스터즈 비디오Hairy Studs Video'라는 또 다른 웹사이트에서 그의 이름은 에스테반이고 별명은 "스트레이트 라틴계 황소"다("낮에는 아르헨티나 사업가"이고, "카메라 앞에서 흥분"한다). 스틸사진과 동영상에서 에스테반/벤 도지 퍼포먼스의 미덕은 호전적이고 음침한 표정으로 카메라를 정면으로 응시하곤 한다는 데 있다. 언제부터인가 나는 그에게 우정과 의리를 느낀다. 그가 내게 쾌감을 느끼게 해주기 때문에 나는 그런 그에게 호의를 느끼는 것이다. 나는 이 쾌감을 대리 만족으로 분류해야 한다. 내 몸에서 느껴지는 쾌감이기는 하지만 내 몸**의** 만족이기만 한 것은 아니기 때문이다. 이 쾌감의 소유권이 나에게 있는 것도 아니다. 이 쾌감의 소유권은 벤 도지에게 있다. 한편 나는 벤 도지로 인해 (적어도 판타지의 차원에서는) 굴욕을 느낀다. 왜 그렇게 느끼느냐 하면, 그가 실제로 어떤 사람인지는 전혀 모르지만 이런 모습으로 내 눈앞에 있는 그가 나보다 성적으로 매력적이고, 따라서 나보다 실제적, 구체적, 현존적이라고 판단하기 때문이다. 벤 도지에 비하면, 나는 추상적, 유령적, 가설적이다. 나와 벤 도지가 공유하는 세계에서 굴욕은 적어도 두 번 가해진다. 우선, 나에게 가해진다. 내가 벤 도지로 인해 굴욕을 느꼈던 이유는 내가 그의 이미지에 의지하고 있기 때문이다. (나는 내 욕망과 조금 떨어진 장소를 거주지로 삼는 대신 그의 이미지의 도움으로 내 욕망을 정복하기를 원한다. 벤 도지는 나를 나의 본향으로, 나의 이상적 자아로, 활성화된 욕망들로 이루어진 자아로 돌아가게 만든다.) 두번째 굴욕은 내가 벤 도지에게 가한 굴욕이다. 나는 그를 반복 시청함으로써, 그리고 그를 나의 상상 체계 안으로 끌어들임으로써 그에게 굴욕을 가했다. 나는 라이자 역시 그런 방식으로 내 해석 체계 안으로 끌고 옴으로써, 그리고 그녀에게 엄마-자식 관계라는 격분과 마비의 매듭을 구현해달라고 요구함으로써 굴욕을 가했던 것 같다. 내가 그 매듭을 (그 매듭에 해당하는 감정을, 아니, 감정의 결핍을) 언어화하기는 영영 불가능할 것 같다. 하지만 그 매듭은 내가 벤 도지를 내 판타지에 이용함으로써 그에게 굴욕을 가했다는 사실만큼이나 단순하다. 그 매듭을 언어화하기가 어려운 이유는 그 매듭이 너무 복잡한 탓이 아니라 그렇게 너무나 단순한 탓이다.

9.

여기서 한 걸음 더 내디뎌보겠다. 나는 벤 도지의 사진을 즐겨 봄으로써 전적으로 판타지라고 할 수 있는 차원에서 또 다른 누군가에게 굴욕을 가했다(그 특정 인물은 내 제자였던 남자다). 벤 도지는 그런 외모를 가지고 있다는 이유만으로 나를 흥분시키는 것이 아니다. **다른 누군가를 떠오르게 한다**는 것도 그가 나를 흥분시키는 이유다. 벤 도지는 내 옛날 제자를 떠오르게 한다. 그는 상냥하고sweet 영리한smart 이성애자straight로, (20대 후반? 30대 초반?) 전복subversion에 재능이 있었다. 이제 고인이 된 발라드 가수 에디 피셔를 기리며, 나는 그를 에디라고 부르겠다. (기절할 정도로 매력적인 유대인 스타 에디는 데비 레이놀즈를 버리고 리즈 테일러에게 감으로써 데비에게 굴욕을 가했고, 나중에 리즈는 에디를 버리고 리처드 버턴에게 감으로써 에디에게 굴욕을 가했다.) 벤 도지의 눈을 볼 때, 나는 가끔 내가 보고 있는 것이 에디의 눈이다 생각하면서 내가 그의 이중생활을 밝혀냈다는 망상에 빠진다. 나는 나의 이성애자 제자 에디에게 온라인 누드모델이라는 은밀한 생활이 있음을 알아냈다. 더구나 아르헨티나에서! 나의 이성애자 제자 에디는 오르가슴을 준비하면서 내 눈을 똑바로 쳐다본다. 나의 이성애자 제자 에디는 절정의 순간 눈을 감아버린다. 벤 도지가, 에스테반이, 에디가 눈을 감아버리는 그때가 나에게는 가장 가슴 찡한 순간이다. 그가 눈을 감아버리는 이유는 카메라 앞에서 절정에 이르는 고자극을 견디지 못하기 때문이다. 그렇게 눈을 감아버리는 것은 너무나도 낯 뜨겁게, 너무나도 확실하게 허무 속으로 풍덩 뛰어드는 것이나 마찬가지다. 하지만 그때부터 나는 나의 제자에게 미안해지기 시작한다. 내가 그를 온라인으로 끌어왔기 때문에. 내가 그를 나의 소품으로 썼기 때문에. 내가 나의 이성애자 제자인 가여운 에디를 납치해 벤 도지로 둔갑시켰기 때문에. 이것은 심리적, 내면적 사건일 뿐 실제로 일어난 사건은 아니다. 하지만 실제로 일어난 대홍수, 실제로 공연된 야외극인 것만 같다. 나는 에디의 알몸을 봄으로써 그에게 굴욕을 가했고, 그 굴욕에 화답하듯 그는 성적으로 접근 불가능한 곳에 있음으로써 나에게 굴욕을 가했다(그는 이성애자다, 그리고 그는 나의 제자다, 고로 그는 금지 구역이다). 내가 에디에게 홀딱 반했던 것은 아니다. 하지만 벤 도지를 발견한 그때, 나는 그가 에디를 떠오르게 한다는 것을 의식하게 되었고, 그렇게 벤 도지라는 넷상의 유령(여러 장의 스틸사진과 〈라틴계 황소의 자위〉라는 제목의 동영상 한 편)을 사랑하게 되었다. 정숙한 독자여, **이런 나와 다를 것이 없는 자**mon semblable여, 이 버르장머리 없는 경솔한 돼지여, 내가 당신에게 이런 이야기를 함으로써 창피를 당하고 있는 데는 다 이유가 있다. 이건 내가 이 책을 쓰기 위해 치러야 하는 대가다. 굴욕의 전문가라는 내 진정성을 증명하려면 스스로를 죄인으로 만들어놓아야 하니까. 나의 어머니 주디 갈런드한테 배운 수법이지. 언젠가 욕실 문을 열었는데, 그녀가 변기에 아스피린을 쏟아버리고 있더라고. 나는 외쳤지. "엄마! 자살하지 마!" 사랑해요, 래리 킹, 당신은 버르장머리 없는 돼지예요. 당신 쇼에 불러줘서 고마워요.

질 좋은 유대인 원단의 덮개

1.

엘리자베트 슈바르츠코프의 마스터클래스는 아무리 봐도 질리지 않는다. 앞에서 나는 TV가 똥통이라고 하면서 TV의 유해한 매력에 면역되어 있는 척 위선을 떨었다. 그런데 지금 나는 어떤가. 유튜브의 똥 강물에 또 이렇게 뛰어들어 쓰레기를 뒤지고 있다. 징벌적인 독일의 소프라노 성악가 슈바르츠코프의 고무적인 마스터클래스 동영상들이 여기 있다. 심술궂은 팬들 탓에 베티 블랙헤드*라는 별명을 갖게 된 그녀는 뛰어난 가창력으로만 유명한 것이 아니라 나치 당원이었다가 나중에 그 사실을 부인한 것으로도 유명하다. 마스터클래스에서 그녀

---

* 슈바르츠코프Schwartzkopf와 블랙헤드Blackhead 둘 다 '검은색'과 '머리'의 합성어다.

는 제자들에게 매우 까다롭고 엄격하고 재미없는 기준을 부과하면서 20세기 성악 문화 연감에서 가히 독보적인 감시와 처벌의 역동을 재연해낸다. 나는 오페라 공연장에 가면 손에 땀이 날 정도로 긴장하는 사람인데(나는 무대에서 누가 음 이탈을 내거나 대사 실수를 할까 봐 조마조마하다), 역설적이게도 슈바르츠코프의 엄격한 주입식 교육을 시청하는 것은 좋아한다.

2.

그녀는 'h'를 발음하는 것에 반대한다. 어느 제자 성악가가 가사에서 'h'를 강조하자, 슈바르츠코프는 묵음을 강요한다. "우리 시대에는 다들 'h'를 발음하는 죄를 저지르지. 하지만 우리 대부분은 그 발음을 제거하는 법을 배웠단 말이야." 슈바르츠코프의 성대 위생학은 우리에게 'h'를 제거할 것을 요구한다. 내가 본 비디오테이프(1980년 에든버러 마스터클래스 영상)에서 성악가들은 언제나 슈바르츠코프의 요구에 분연히 따른다. 하지만 그녀가 정하는 규칙들이 절대주의적이라는 사실과 그 규칙들이 제거, 숙청, 순수를 내세우는 우생학적 정책들과 은유적으로 연결된다는 사실은 나를 멈칫하게 한다. 가청음 'h'를 발음하는 성악가는 처벌하고 기피하고 교도해야 할 짐승이다. 노래하는 중에 어떤 대목을 강조하려고 고개를 끄덕이는 성악가는 희생양이 될 확률이 높다. 슈바르츠코프는 묻는다. "그렇게 머리 쿵쿵 찧는 거 좀 안 하면 안 되겠니? 왜들 그러는지 모르겠어. 그런 애들이 미국에 많아. […] 이제 너무 거슬리는 거야. 머리 쿵쿵 그거 좀 하지 마. 애들이 다 그래, 너만 그런 게 아냐. 영국 애들은 미국 애들보다는 훨씬 덜 그래. 애들이 그러는 걸 나는 여기 두 나라 말고 다른 데서는 한 번도 못 봤어. 두 나라가 싫다는 게 아니라, 왜 여기 애들은 다 어디를 강조하겠다고 머리를 그렇게 찧는지. 말할 때는 그래도 괜찮아. 그런데 노래할 때는 좀 안 그랬으면 좋겠다는 거야." 타격 입은, 하지만 싹싹함을 잃지 않는 마스터클래스 수강생의 얼굴은 나 자신의 죄스러운 평범성—내가 미적 차원에서 저질러온 그 모든 실수들—을 거울처럼 비춰준다. 그가 슈바르츠코프 정도의 실력을 쌓거나 슈바르츠코프 정도의 명성을 얻는 날은 결코 오지 않을 것이다. 수강생으로서, 기니피그로서 h를 발음한 죄, 머리를 쿵쿵 찧은 죄, 음을 틀린 죄("가능하면 음정을 맞춰봐!"라고 슈바르츠코프는 불쑥 지적한다), 크레셴도 표현에 실패한 죄("여기 크레셴도 없어졌네? 너한텐 들렸어? 나한텐 안 들리던데?"), 수많은 죄를 저지른 이 제자는 스승을 향해 미소 짓는다. 스승의 비판적 논평은 검투경기 관중에게 즐거움을 제공하고 탄복을 이끌어내는 데 그 목적이 있다.

3.

내가 클래식 음악에 귀를 기울이는 데는 여러 동기가 뒤섞여 있다. 굴욕의 문화로 빚어진 아름다움을 듣고 싶은 마음도 있고, **제거당한 'h'**의 메아리(존재할 가치가 없다고 간주된 요소들의 메아리)를 듣고 싶은 마음도 있다. 매우 완벽한 악구에 귀를 기울일 때도 우리는 실수를 저지를까 봐 두려워하고, 크레센도 표현에 실패할까 봐 두려워하는 열등생의 흔적들을 감지할 수 있다(누구든 열등생이 될 수 있다).

4.

슈바르츠코프의 본질은 인정사정없이 'h'를 제거하는 것을 자랑스러워한다는 데 있다. **나도 상냥함과 친절함을 택할 수 있었어. 하지만 나 같은 지휘관Kommandant은 그런 사치를 누릴 수 없어. 'h'를 확실하게 제거하려면 내 나약함을 차단해야 해. 'h'를 애지중지하기, 'h'를 둥개둥개 얼러주기, 'h'에게 '크림 오브 위트'*를 떠먹여주기, 그런 게 더 쉽겠지만, 나는 'h'를 죽이지 않으면 안 돼.**

5.

사회학자 틸만 알레르트에 따르면, 히틀러가 집권에 성공한 이유 가운데 하나가 여기에 있다. 그의 책『나치 경례*The Hitler Salute*』는 '하일 히틀러' 거수 경례(총통의 현존을 친구 관계와 가족 관계를 포함한 모든 사회관계 안으로 끌어들인 의무적 손 들

---

*   인스턴트 핫 시리얼의 상품명.

기)를 분석하고 있다. 히틀러가 집권했던 배경에는 "카리스마 있는 총통이 독일의 국가적 굴욕을 설욕해줄 것이라는 전반적 기대"가 있었다. 이는 "독일의 제1차 세계대전 패전과 베르사유 조약의 징벌적 조항들"로 인해 양산된 패배 심리였다. 잔뜩 주눅 들어 있던 이 나라가 수백만 명을 능욕하고 살해하는 제노사이드 기계로 둔갑했던 배경에는 독일이 능욕당했다는 인식이 있었다.

6.

우리가 "절멸수용소에 대해 잘 모른다"고 해도—우리가 그곳에 가본 적이 없다 해도—우리는 그곳과의 부끄러운 관련성 속에 존재한다는 것을 조르조 아감벤은 『아우슈비츠의 남은 자들: 문서고와 증인』에서 우리에게 상기시켜준다. 생존자의 부끄러움. 아감벤은 아우슈비츠에서 "'작업' 사이의 휴식 시간"에 "SS와 존더코만도Sonderkommando 대표 선수들 사이에서" 벌어진 축구 시합에 대한 프리모 레비의 묘사를 분석한다. "존더코만도는 가스실과 화장장 관리를 책임지는 재소자들을 가리키는 말이었다. 그들의 업무는 알몸의 수인들을 죽음이 기다리는 가스실로 이동시키기와 이동 중 질서 유지였다." SS와 축구 시합을 한 것은 그 경비원들이었다. 아감벤은 그 축구 시합이 "끝없는 참상의 한복판에서 인류애를 충전하는 짧은 휴식 시간"이 아니라 그 참상이 연장되는 시간, 또는 그 참상이 심화되는 시간이라고 주장한다. 우리는 아우슈비츠에 가본 적이 없음에도 부끄러움을 느낀다. 우리가 느끼는 부끄러움은 "절멸수용소에 대해 잘 모르면서도 어찌 된 일인지 그 시합을 구경하고 있는 관중의 부끄러움이다. 그 시합은 계속 다시 벌어진다. 우리의 경기장들에서 벌어지는 모든 시합 속에서, 모든 TV 방송 속에서, 매일매일의 정상 상태 속에서 그 시합은 계속 다시 벌어진다." 나는 참변이 발생했다는 뉴스를 들을 때만 부끄러움을 느끼는 것이 아니라, 참변이 발생하고 있는 곳이나 참변이 발생했던 곳에서 여가 행사(음악, 오락)가 개최된다는 소식을 들을 때도 부끄러움을 느낀다. 우리가 저지르지 않은 행동에 부끄러움을 느끼는 것도 가능하다.『린다 브렌트 이야기: 어느 흑인 노예 소녀의 자서전』에서 해리엇 제이컵스가 뉴욕에서 있었던 일, 마차를 타고 설리번 스트리트에 갔던 일에 대해 언급할 때, 나는 설리번 스트리트가 부끄럽다. 뉴욕의 그 아름다운 거리, 나도 여러 번 즐겁게 걸은 적이 있는 그 거리가 나는 이제 부끄럽다. '설리번 스트리트 베이커리'도 부끄럽고 설리번 스트리트 지하철 입구도 부끄럽다. 나는 내가 고통 없이 편하게 사는 것이 부끄럽다. 내가 수갑을 차고 있지 않은 것이 부끄럽고, 내가 살해당하지 않는 것이 부끄럽다.

7.

알몸은 굴욕적이다(좀더 가벼운 표현을 쓰자면, 부끄럽다). 철

질 좋은 유대인 원단의 덮개

학자 에마뉘엘 레비나스가 그 이유를 말해준다. 그렇게 알몸이 되는 순간(나는 여기에 강제로 알몸이 되는 순간을 특별히 추가하겠다), 우리는 "나 자신에게 결박당해 있는 느낌, 내가 나를 찾지 못하도록 나 자신으로부터 도망치기란 근본적으로 불가능하다는 느낌을 경험한다. [⋯] 벌거벗음이 부끄러운 것은, 그것이 우리 존재를, 우리 존재의 가장 내밀한 곳을 자명하게 드러내기 때문이다." 아감벤은 레비나스의 수치심 분석을 혐오감 논의로 확장하면서 발터 벤야민을 인용한다. "짐승과 대단히 흡사한 어떤 것이 내 안에 있다는, 그러니 짐승이라면 그것을 알아볼 수 있으리라는 어렴풋한 인식, 그 인식이 인간을 깊이 경악하게 한다." 당신이 내 역겨운 야수성을 알아보는 날이 올까 봐 두렵다. 나는 이미 알아보았다. 나 자신의 역겨운 야수성을 알아본 것이 왜 나를 두려움에 떨게 하냐면, 그 덕분에 당신의 역겨운 야수성을 예측할 수 있기 때문이다. 당신이 나를 기피하고 나에게 굴욕을 가하리라는 것을 예측할 수 있기 때문이다.

8.

프로이트의 유명한 에세이 「매 맞는 아이」는 그의 환자들이 반복적으로 떠올리는 기억(다른 아이가 매를 맞는 기억)을 분석한다. 그의 피분석자들이 스스로를 피처벌자로 기억하는 경우는 거의 없다(벌을 받는 아이는 언제나 다른 아이다). 프로이트에 따르면, "아이의 판타지 속에서 본인이 매 맞는 아이인 경우는 절대 없다. 동생이 있을 경우, 매 맞는 아이는 대개 동생이다." 매 맞기 장면을 다양한 종류의 굴욕 상황들로 변형하는 것도 가능하다(성악가의 마스터클래스도 그중 하나다). 프로이트: "매 맞기라는 원초적인 일률적, 획일적 상황은 극히 다양한 개량과 미화를 통해서 변형될 수 있다. 매질하기 그 자체가 다른 종류의 벌하기와 굴욕 가하기로 대체될 수 있다." 매 맞는 판타지, 또는 다른 누군가가 매 맞는 모습을 보는 판타지가 펼쳐질 때 가끔 그 밑에는 사랑받고 있다는 무의식적 판타지가 있다. "나는 아버지에게 매 맞고 있다"라는 판타지가 펼쳐질 때, 그 밑에는 **"나는 아버지에게 사랑받고 있다"**라는 원초적 판타지가 억압되어 있다.

9.

지금까지 내 눈으로 보았거나 내 몸으로 경험해본 모든 굴욕의 모범 사례라고 생각되는 한 장면이 있다. 나는 이 장면에 대한 글을 써보려고 벌써 몇 번이나 시도했다. 이 장면—**한 아이가 매 맞고 있다**의 내 버전—은 경악과 매혹을 결합한 모호한 마성으로 나의 상상력을 지배하고 있다. 나는 이 장면의 마성을 전혀 정리하지 못하고 있다. 내가 이 장면에 대한 글을 써보려고 할 때마다 점점 마비되는 내 정신을 반영하듯 내 언어도 점점 마비되어간다. 나는 때로 이 장면을 **3학년 때 바**

지 **내린 애**라고 약칭한다. 내가 3학년이었을 때 담임교사가 한 학생(바비라는 이름의 남자애였다)에게 반 애들이 다 보는 앞에서 바지 내리기라는 벌을 주었다. 그녀는 급수대 근처에 경고하듯 걸려 있던 회초리로 그 애의 맨 엉덩이를 때렸다. 그때 캘리포니아주에서 체벌이 합법이었는지 아니면 그 교사가 자기만의 원칙대로 사는 사람이었는지는 모르겠다. 내가 아는 것은 그때 내가 그 교사를, 미시즈 H를 무서워했다는 사실이다. 슈바르츠코프의 강요로 묵음당한 'h'를 기리기 위해서 그녀를 미시즈 H라고 부르겠다. 이 장면은 수없이 많은 이유로 나에게 경악과 매혹을 안겨주었다. (1) 우리는 벌 받는 애의 음경을 볼 수 있었다. (2) 벌 받는 애의 엉덩이에는 뾰루지들이 있었다(종기였을까?). (3) 벌 받는 애가 울고 있었는데, 그 눈물이 알몸 못지않게 굴욕적이라고 느껴졌다. (4) 나는 그 교사의 다음 희생자가 나일까 봐 무서웠다. (5) 벌 받는 애는 모범생이 아니었으니, 나는 생식기 노출과 엉덩이 매질은 죄스러운 학교 성적의 불가피한 결과라고 생각했다. (6) 벌 받는 애는 불량배의 핏줄이 흐르는 '불우한' 가정(철길 건너편 집?)의 자식이었고, 그 애의 터프한 형들은 허약아였던 내가 보았을 때 범죄 성향을 타고난 듯했다.

10.

나는 아직 그 장면의 마성을 묘출(또는 퇴마)하지 못했다. 표면적으로는 남자애가 굴욕 피해자였지만, 교사 본인에게도 굴욕이 가해졌다는 느낌이 들었다. 그녀가 직업적 존엄을 저버렸다는 느낌, 그녀가 남자애 음경을 노출함으로써 그 음경의 연루자가 되었다는 느낌, 그녀가 반 전체를 곪아 터질 저지대로 끌어내렸다는 느낌 때문이었다. 그때 내가 끌려 내려갔던 곳을 떠올리면, 악취가 진동하는 공기, 결핵, 귀밑샘염, 방사능 낙진, 검댕, 그리고 그 밖에 내가 싫어하는 것들이 잔뜩 떠오른다. 나는 남자애가 벌 받는 모습을 보고 싶어 한 것일까, 그랬을 가능성도 있다. 나는 벌 받는 남자애가 내가 아닌 것에 안도한 것일까, 그랬을 가능성도 있다. 나는 남자애 음경이나 엉덩이에서 눈을 뗄 수 없었던 것일까, 그랬을 가능성도 있다. 반 여자애들도 그 애의 음경을 볼 수 있었는데, 그 애에게는 자기의 음경을 **여자애들이 보고 있다는 것**이 굴욕적일 것 같았다. 여자애들은 음경에 대해 알아서는 안 된다는 것이 당시 나의 뒤틀린 인생관Weltanschauung이었다. 남자애가 음부를 제대로 가리지 못했다면 사랑받을 만한 요소들을 전부 잃은 것이나 마찬가지라는 것, 남자애가 고추를 가릴 권리를 잃었다면 개와 다름없는 수준으로 끌려 내려온 것이나 마찬가지라는 것이 당시 나의 상상력이었다. 내가 그 사건을 재구성할 때, 나는 남자애의 생식기를 몰몬교 여자애의 시점으로 보게 된다 (그 여자애는 우등생이었는데, 그보다 한 해 전에 내가 실수로 그 여자애의 머리를 플라스틱 의자로 친 적이 있었다). 문제아였던 남자애의 음경을 보았다는 것이 그 여자애에게 특히 심한 충격과 수치를 안겨주었으리라는 것이 당시 나의 가설이었다.

11.

그 장면은 내 사유 능력을 여러 조각으로 깨뜨렸다.

12.

벌 받는 애의 엉덩이에 난 뾰루지들: 내가 그해에 보았던 두 엉덩이가 머릿속에서 뒤섞인 것인지도 모르겠다. 뾰루지가 난 엉덩이는 바비 엉덩이가 아니라 내가 살던 블록의 맨 끝 집에 살던 랜디 엉덩이였을지도 모르겠다. 언젠가 나는 랜디의 집에서 놀다가 그 애한테 바지를 내릴 것을 제안했다. 그 애는 욕실에서 내 제안에 응했다. 나는 그 애 엉덩이에 난 뾰루지에 충격을 받았다. 그 일이 있던 직전인가 직후에 그 애의 엄마가 죽었다. 고로 나는 **남자애 엉덩이의 뾰루지**를 **남자애 엄마의 죽음**과 필히 연관 짓곤 한다. 뾰루지 엉덩이 소년(랜디)의 옆집에는 앤 테일러라는 이름의 여자애가 살았다. 나는 '테일러 Taylor'라는 여자애의 성이 '토일렛Toilet'과 거북할 정도로 닮았다고 생각했고, 그게 너무 웃기다고 생각했다. 나는 킬킬거리면서 혼잣말을 했다. 이름이 **앤 토일렛**이라니. 그런 이름으로 창피해서 어떻게 살지?

13.

엘리자베트 슈바르츠코프의 1980년 마스터클래스를 시청할 때, 내 시선은 그녀의 평퍼짐한 드레스로 간다(드레스보다 카프탄에 가깝다). 몸을 가리기 위한 디자인 같다. 나는 옷으로 가려진 슈바르츠코프의 골반, 엉덩이, 생식기, 복부를 상상하지 않을 수 없다. 그녀는 자기 몸이 굴욕의 원인이라고 생각한 적이 있었을까 궁금해진다. 여기서도 알 수 있듯, 나는 사람들이 옷으로 가린 알몸에 대한 상상을 멈출 능력이 없는 사람이다. 모든 공상가는 상상력을 처벌의 도구이자 예찬의 도구로 삼을 수 있다. 『아우슈비츠의 남은 자들』에서 아감벤은 부끄러움의 경험을 시인들 특유의 자아 탈피(주관을 강화하는 척하면서 본인의 주관을 지워 없애는 경향)와 연결한다. 존 키츠를 거론하면서 아감벤은 "탈주체화"(자아 탈피)는 시적 경험의 여러 부분들 중에서 "부끄러운, 하지만 불가피한" 부분이라고 주장한다. 그리고 집에 불을 내고(사고였을까?) 죽은 오스트리아 시인 잉게보르크 바흐만을 인용하면서 아감벤은 광기가 그렇게 여러 조각으로 갈라지거나 아예 없어지는 굴욕적(또는 자극적) 경험, 곧 자기삭제라는 황홀하거나(이졸데는 사랑의 묘약을 주저 없이 들이켰다) 자멸적인(자기가 과하게 삭제되면, 말하는 에고가 사라진다) 행위와 연결되어 있음을 증언한다. "바흐만에 따르면, '"나"를 실험의 재료로 삼는' 이들, 다시 말해 스스로를 '나'라는 실험의 재료로 삼는 이들이 바로 시인이다.

그러니까 시인들이 그렇게 '광인이 될 위험을 늘 감수'하고, 자기가 무슨 말을 하고 있는지 모르게 될 위험을 늘 감수하는 것이다." 나도 그 위험을 감수하고 있다. 나도 나 자신에 대한 실험──굴욕의 기억 중에서 어떤 것은 중시하고 어떤 것은 제거하는 실험, (사냥개처럼) 굴욕의 냄새를 감지하기 위해 단련한 '후각' 중 어떤 면은 중시하고 어떤 면은 제거하는 실험──을 진행하고 있다. 3학년 때 은유의 사슬에 걸려 넘어진 나는 불쌍한 바비의 매 맞는 엉덩이가 보인다는 것의 경악스러움과 벌주는 교사의 얼핏 드러난 가슴을 연결시켰다(그녀가 허리를 굽혔을 때 무무 원피스의 늘어진 네크라인 너머로 그녀의 가슴을 볼 수 있었다). 그렇게 눈앞에 나타난 가슴──그 광경의 권위──은 그녀가 남자애의 엉덩이 뾰루지에 대해 **알 권리**가 있음을 암시했다. 그녀는 시연의 여교황, 맨살의 전시를 관장하는 여교황이었다. 그녀의 시연자 이력은 그녀의 가슴과 함께 우리 교실에서 시작되었다. 내가 그때 슬쩍 훔쳐본 그녀의 가슴은 내 기억에 원형이라기보다 원주형이었다. 하지만 이제는 내가 그녀를 이렇게 내 작품인 듯 제멋대로 진열하고 있다. 심지어 정확한 사진 작품도 아니고, 슬쩍 훔쳐보는 시선으로 인해 왜곡되어 있어 입체파 아니면 야수파 회화 작품 같다.

14.

굴욕적 처지를 전시하는 데는 쾌감이나 자긍심이 수반되는

지도 모른다. 엉덩이를 얻어맞은 아이들에게는 수치를 전시할 수 있다는 보상이 주어진다. 비밀을 털어놓는 일의 뿌리에는 ─ 시에서든, 리얼리티 TV쇼에서든 ─ 의식적이든 아니든, 내가 불행하다는 것을 공개적으로 인정하는 쾌감, 내 지위가 낮아졌음을 전시하는 쾌감, '체면의 상실loss of face'(박살 나서 가루가 된 얼굴, 얻어터져 멍한 패배자의 얼굴)을 나의 새 얼굴로 삼는 쾌감이 있다. 나는 내 수치를 전시하는 과정에서 사람들의 눈에 띈다. 내 수치를 전시하는 것은 굴욕적이지만, 사람들의 눈에 띔으로써 **본보기가 되는 쾌감**을 얻는다. 본보기가 된다는 것은 사례를 제공한다는 것, 매 맞는 아이가 되어지나가는 사람들에게 구경거리를 제공한다는 것, 플래카드의역할, 교훈담의 역할을 한다는 것, 고통의 스타가 된다는 것이다. 실비아 플라스는 1962년 10월에 쓴 「나자로 부인」에서 자멸의 욕망을 금실로 짠 비단인 듯 선보일 때의 곡예적 쾌감을묘사한다(그녀는 이 시를 쓰고 3개월 뒤 자살했다). 그 무렵의자살 시도와 관련해 그녀는 뽐내듯 이렇게 말한다. "나는 나를 굳게 닫았다./조개처럼. 그들은 나를 부르고 또 불러야 했다/구더기들을 끈적이는 진주알들인 듯 나에게서 캐내야 했다." 그녀는 그 끈적이는 진주알들을 자랑스러워한다. 그녀를아름답게 꾸며주고 그녀가 왕족임을 알려주는 것이 그 진주알들이다. 구더기들이 맨살 위에서 기어다니는 상황일 테지만,그녀는 수치를 영예로, 부패 작용을 보석 장식으로 고집스럽게 변모시킨다. 굴욕당하는 일—탈주체화되는 일, 동물로 강등당하는 일, 벌레의 먹이가 되는 일—이 쇼맨십showmanship이 된다. (아니, 쇼우먼십showwomanship이 된다.) 실비아의 얼굴은 "무늬 없는, 질 좋은/유대인 원단의 덮개," 곧 쓸모와 소장 가치, 전시 가치를 지닌 가정용품으로 되돌아온 시체이며, 그런 점에서는 '호텐토트의 비너스' 같은 카니발 축제의 전시 작품이다. 호텐토트의 비너스는 유럽에서 노예가 되어 서커스단의 구경거리로 전시되었던 아프리카 여성 사르지에 바트만(1789~1815)을 가리킨다. 엘리자베스 알렉산더의 시 「비너스 호텐토트」에서 사르지에는 마치 하계에서 들려오는 듯한 목소리로 이렇게 말한다. "나는 갇혀 있는 파란 하늘 밑의 검은 종이 인형,/내가 발가벗고 빙글빙글 돌면/유료 관객들은/나의 알궁둥이를 볼 수 있지." 플라스는 자기 자신이라는 전시 작품을 통제했다. 시인은, 아무리 무모한 시인이라 해도 자기 자신의 부자유라는 퍼포먼스를 통제하고 주도한다. 우리도 시인이라면 이기적이지만은 않은 이유에서 극단적 부자유 상황을 연기해보거나 상상해보고 싶어질지도 모른다. 끔찍한 일 앞에서 질문하고 싶은 마음, 그런 일은 어떻게 해서 시작되는지, 어떻게 해야 끝날 수 있는지 알고 싶은 마음이 생기면, 탈주체화의 영도에 해당하는 예들, 우리의 손가락finger이 얼어붙을frost 가능성을 상기시켜주는 그 예들을 경외 어린 손끝으로 건드려보고 싶은 충동에 휩싸일지도 모른다.

15.

자기 몸을 전시할 수밖에 없었던 사르지에 바트만이 본보기가 되는 쾌감을 즐겼다고 주장하겠다는 것이 아니다. 나는 내 논의가 그런 방향으로 흐르기를 바라지 않는다. 쾌감과 위안의 법칙이 적용되지 않을 것이라고 추정할 만한 상황들이 있다. 그런 역설적 보상을 한 조각이라도 경험하려면 주체가 있어야 하는데, 탈주체화(아감벤의 용어)가 너무 흉포하고 철저하게 이루어진 탓에 주체라고 인지될 수 있을 만한 무언가가 전혀 남아 있지 않은 듯한 상황들이 있다. 그럼에도, 감옥이 신적 변모transfiguration를 경험하는 장소라고 주장해온 인물들figures도 있다. 예컨대 오스카 와일드는 1895년에 동성애자임을 폭로당하고 중노동 징역형을 선고받았는데, 그런 굴욕적인 상황에서 그리스도의 존엄에 상응하는 존엄을 찾았다는 것이 그의 주장이었다. 수십억 명이 예수를 흉내 내고 있음에도 예수는 한 분밖에 없는 것과 마찬가지로, 예수의 발자취를 따라감으로써 베들레헴의 동성애자로 새로 태어나는 오스카 와일드는 한 명밖에 없다. 와일드가 이런 신적 변모를 실제로 겪었든 아니면 문학을 위해 꾸며냈든, 그는 신의 목소리를 연기하는 일을 『심연으로부터』라는 사후 출판된 긴 옥중 편지에서 꽤 그럴듯하게 해낸다. 이 글에서 와일드는 자기 자신의 괴로움을 미화하는 작업, 곧 새로 찾아낸 굴욕을 받아들이고 그것을 겸손이라는 덕목으로 삼음으로써 적들을 용서하고 평정심에 이를 수 있다는 교훈을 자기 자신의 괴로움으로부터 쥐어 짜는 작업에 나선다. 와일드는 인생 최악의 날이었던 1895년 11월 13일에 자기가 어떻게 군중의 폭소에 노출되어 있었는지 묘사한다. "그날 두 시 정각부터 두 시 반까지 나는 세상 사람들이 다 보는 앞에서 죄수복을 입고 수갑을 찬 채로 '클래펌 정션' 중앙승강장에 서 있어야 했다. 아무 예고도 받지 못하고 병동에서 끌려 나온 몰골 그대로였다. 눈에 보이는 모든 대상 중에 가장 그로테스크한 것이 나였다. 사람들이 나를 보고 웃어댔다. 기차가 들어올 때마다 관중이 늘었다. […] 나는 30분 동안 그 자리에 서 있었다. 우중충한 11월의 비가 내리고 있었고, 야유하는 군중이 나를 에워싸고 있었다.//그 일을 당하고 1년 동안 나는 매일매일 같은 시각에 같은 시간 동안 울었다." 그는 자기가 당했던 노출의 충격을 의식을 치르듯 재연했다. 무엇을 위해? 구원을 위해. 그가 신앙의 언어를 사용하기는 하지만, 그가 말하는 신적 변모는 종교적 변모가 아니라 미적 변모(따라서 미학적 변모)다. "그러니 나에게 삶의 아름다움이라는 것이 아직 남아 있다면 그것은 굴복당하고 비하당하고 굴욕당하는 순간 속에 간직되어 있을 것이다." 상황을 바꿀 수는 없으니, 상황을 바라보는 관점을 바꾸는 수밖에 없다. 고통에 대한 해석을 바꾸는 수밖에 없다. "내 앞에 놓여 있는 것은 내 과거다. 세상이 이것을 다른 눈으로 바라보게 하려면, 신이 이것을 다른 눈으로 바라보게 하려면, 나 자신이 이것을 다른 눈으로 바라보아야 한다. 이것을 무시하거나 경시하거나 추앙하거나 부정하는 방법으로는 불가능하다. 유일한 방법은 이것을 내 인생과 내 성격이 이렇게 진화하는 데 꼭 필요했던 한 부분으로 받아들이는 것뿐. 내가 겪은 모든 고통에 경의를 표하는 것뿐." 라이자 미넬리도 같은 말을 할 수 있었을 것이다. **내 앞에 놓여 있는 것은 내 과거다. 나는 엄마의 죽음에 경의를 표해야 하고, 내가 보드카에 취해 남편 데이비드 제스트를 때렸다는, 전 세계에 퍼진 혐의들에 경의를 표해야 한다. 나는 나에게 일어난 일을 바꿀 수 없지만, 세상이 이것을 다른 눈으로 바라보게 만들 수는 있다. 나는 그리스도를 모방해야 한다. 단, 가나의 결혼식에서 모친에게 면박을 준 고지식하고 건방진 그리스도가 아니라, 십자가에 못 박힌 그리스도를 모방해야 한다.** '킹 제임스 성경'은 그리스도의 말을 "여자여, 나와 무슨 상관이 있나이까"로 옮긴다.* 마리아는 한 가지 제안을 했던 것뿐이다. 결혼식 하객들에게 포도주가 필요하다고 말했을 뿐이다. "포도주가 떨어졌다"고 엄마가 말했다. 그런데 예수가 건방지게, "여자여, 나와 무슨 상관이 있나이까"라고 대꾸한 것

---

* 「요한복음」2장 1~4절: "사흘 되던 날에 갈릴리 가나에 혼인이 있어 예수의 어머니도 거기 계시고/예수와 그 제자들도 혼인에 청함을 받았더니/포도주가 모자란지라 예수의 어머니가 예수에게 이르되 저희에게 포도주가 없다 하니/예수께서 가라사대 여자여 나와 무슨 상관이 있나이까 내 때가 아직 이르지 못하였나이다"(대한성서공회, 『성경전서 개역한글판』 참조).

이다. 마리아는 아들에게 굴욕당한다는 것이 무슨 뜻인지 알고 있다. 소설 『예수복음』에서 주제 사라마구가 마리아에게 순교자의 지혜를 품은 냉소적 대사를 던지게 한 것은 그런 까닭이다. "신의 경멸과 함께 살아간다는 것이 무슨 뜻인지 알려면 여자여야 한다." 그녀는 어머니이면서 유대인이다. 나는 예수의 "여자여, 나와 무슨 상관이 있나이까"라는 말대꾸의 버르장머리 없음에 타격을 입는다. 하지만 내가 이 말을 똑같이 엘리자베트 슈바르츠코프에게 던지는 장면을 상상해볼 수도 있다. 내가 노래할 때나 이야기할 때 'h'를 제거하지 않았음을 그녀에게 지적당한다면, 내가 동성애Homosexual를 제거하지 않았음을 그녀에게 지적당한다면, 내가 히틀러Hitler의 핏자국을 제거하지 않았음을 그녀에게 지적당한다면, 내가 3학년 바비의 알궁둥이를 매질하는 미시즈 H의 기억을 제거하지 않았음을 그녀에게 지적당한다면, 내가 호텐토트Hottentot의 비너스의 엉덩이(엘리자베스 알렉산더에 따르면, "오늘 신문에 실린 삽화에서/나의 엉덩이는 둥글게 여물어/행성처럼 반짝인다")를 제거하지 않았음을 그녀에게 지적당한다면, 내가 학습도구로서의, 암기용 교재로서의, 시위 구호로서의 굴욕Humiliation을 제거하지 않았음을 그녀에게 지적당한다면, 나도 그녀에게 그 말을 똑같이 던졌을 것이다. 역사는 여문 포도송이들처럼 일정하지 않은 덩어리를 이루고 있지만, 포도와는 달리 아름답지도 않고 양분이 될 가능성도 없다. 끔찍한 에피소드들이 과

거의 한 사건이라는 덩어리를 이루게 되는 데는 (그때 그 사건이 있었다고 기억되거나 있었으리라고 추측되는 데는) 우발 상황들이 있다. 그런 덩어리들을 모두 더해보면 무엇이 나올까? 그런 우발 상황들에 대한 호기심을 잃지 말라는 계명* 이외에는 아무것도 나오지 않을 수도 있다. 우리에게는 우리의 경험이 아닌 경험들에 대해 계속 질문해야 할 의무가 있다. 우리의 경험이 그렇게까지 안 좋아지는 일은 없겠지만. 아니, 부디 그렇게까지 안 좋아지는 일이 생기지 않기를 우리는 기도한다. 우리의 경험은 그런 파국에 닿지 않기를, 우리가 역사에 기록된 최악의 처지들을 경험하게 되는 일은 절대 생기지 않기를 기도한다. (그것들, 그 경험의 교점들, 그 라이트모티프들은 덩어리를 이루고 있다. 그 모습이 무엇과 비슷하냐면, 내가 상상하는 죽는 순간의 모습, 경험의 모든 조각들이 끔찍한 폭풍에 휘말려 한 덩어리를 이루는 모습과 비슷하다. 그것들이 왜 그렇게 덩어리를 이루고 있는가 하면, 가까운 곳에 서 있는 두 인간에게는 한쪽이 다른 한쪽을 죽이거나 깎아내릴 힘을 가지고 있다는 것보다 더 근본적인 것은 없기 때문이다.) 사르지에 바트만이 죽은 뒤 그녀의 생식기는 절임 상태로 파리의 인류박물관에 전시되

---

* 「요한복음」 15장 1, 10절: "내가 참 포도나무요 내 아버지는 그 농부라 […] 내가 아버지의 계명을 지켜 그의 사랑 안에 거하는 것같이 너희도 내 계명을 지키면 내 사랑 안에 거하리라"(대한성서공회, 『성경전서 개역한글판』 참조).

었다. 그리고 마이클 잭슨이 처음으로 아프리카에서 잭슨 파이브로 공연했던 1974년까지 그렇게 계속 전시되어 있었다.

충격요법의 미학

1.

굴욕당한 아티스트/작가 가운데 나의 최애는 앙토냉 아르토
(1896~1948)다. 그는 전기충격치료를 해로울 정도로 많이 받
았고, 영감받는 것을 악마들로부터 강간당하고 수태하는 것처
럼 경험했다. 앤 카슨이 「TV 남자들: 아르토TV Men: Artaud」
라는 시에서 표현한 것처럼, "어떤 날에 그는 자궁을 느꼈다.
하늘이 그에게 정신이라는 못을 박았다." 아르토는 (남자였겠
지만, 자기가 남근을 가진 하늘에 삽입당한 자궁이라고 느끼면
서) 그 함입을 통해 신의 신부, 신의 창녀가 되었다. "신이 그
의 음부를 통해 그를 끄집어내고 있다고 그는 느꼈다. 클라크
Claque. 클라크-당Claque-dents." 나는 굴욕이 (미학을 통해) 담
배 뭉치나 빈랑 열매 같은 곱씹을 거리로 변형될 수 있는 잠재
력을 가지고 있다는 의미의 개인적인 만트라로, 이 "클라크-

당"이라는 이상한 단어를 다년간 읊조리고 있다. 클레이턴 에 슐먼과 버나드 베이더가 아르토의 마지막 작업들을 번역한 책 (『감시 악마들 & 고문 비명들*Watchfiends & Rack Screams*』)에서 정 리한 각주에 따르면, '클라크-당'은 "불쌍한 녀석, 유곽" 또는 "거지"다. 카슨의 충격적 시구를 다시 한번 곱씹어보겠다. "신 이 그의 음부를 통해 그를 끄집어내고 있다고 그는 느꼈다." 그의 음부라니, 신의 음부일까 아니면 아르토의 음부일까? 어 느 쪽이 됐든 아르토는 신이 자기에게 굴욕을 가하고 있다고 느낀다(여기서 굴욕은 영예이기도 한 것 같다). 카슨——불행이 개화와 미적 성취를 위한 수습 기간이기라도 하다는 듯 굴욕 의 경험을 정교한 예술로 옮기는 정신을 아르토 정신이라고 치면, 그녀는 아르토 정신을 빈틈없이 읽어내는 독자이자 아 르토 정신이 흐를 수 있도록 수로를 만드는 작가다——은 (그 녀의 시 「유리 에세이The Glass Essay」에서) 자기 자신과 섹슈얼 리티 사이의 굴욕적 관계에 관해 쓴다. 자학적으로 폭발하는 한 대목은 자기가 가장 낮아졌을 때의 경험을 예술의 직접적 소재로 삼는 데 거리낌이 없다는 점에서 카슨의 아르토 정신 을 잘 보여준다. "내가 발가벗고/그에게 등을 돌렸던 것은 그 가 등을 좋아해서였다./그가 나에게로 자리를 옮겼다.//사랑 에 대하여 그리고 사랑에 필요한 것들에 대하여 지금 내가 알 고 있는 모든 것을/나는 그때/나 자신에게서 배웠다//그때 나 는 개코원숭이 같은 나의 붉게 타오르는 작은 엉덩이를/나를 더 이상 사랑하지 않는 남자에게 디밀고 있었다." 말해줘요, 앤! 어느 때가 더 굴욕적인가요? 그렇게 행동했을 때? 아니면 시에서 그렇게 반복했을 때? 카슨은 개코원숭이처럼 붉게 타오르는 본인의 작은 엉덩이를 에세이라 이름 붙인 시에 집어넣을 만큼 강심장인 덕에 아티스트── 아르토 부류──가 된다. 카슨은 굴욕에 빠지지 않는다. 그녀는 클라크-당의 길드, 가치전도價値顚倒 작업자들의 길드라는 높은 자리에 오른다. 그런 작업자들은 '정신'의 '못'이 자기에게 치과 드릴처럼 뾰족하게 박혀오는 것을 느끼는 예술 제작자들이다. 내가 아주 어렸을 때, 잊지 못할 그날, 변기 위에 걸터앉아 있던 나는 내가 싸고 있는 똥이 나를 뒤에서 찌르고 있는 사탄이라고 상상했다. 사탄이 못처럼 나에게 박힌 느낌, 나는 그 느낌을 한순간도 잊은 적이 없다. 내가 시문학과 회화라는 그 어렵고 다급한 예술들을 이해하는 데는 그때 그 경험이 도움이 되었다.

2.

클라크-당. 아르토는 정신병과 강제입원이라는 처형 바퀴 아래서 힘든 시간을 보냈다. 아르토가 "정신병원 다섯 곳"에서 보낸 9년에 가까운 시간에 대해서 에슐먼은 이렇게 말한다. "그가 겪은 일들은 강제수용소 생활보다 참혹했다고 그의 지인 중 한 명인 자크 프레베르는 말했다." 이런 말이 과장일지도 모른다. 하지만 이런 말은 어떤 기분을 연상시킨다. 정신의 못이 나에게 박히는 기분. 아르토는 직장암으로 죽기 전에 마지막으로 이렇게 썼다. "그 뒤 나는 그들에게 밀쳐져/죽음에 빠졌고/거기서는 그냥 처먹기만 했다/성기를/항문을/응가를/삼시 세끼를/'십자가'의 모든 것을." 사드 후작처럼, 그리고 그리스도처럼, 아르토는 우주라는 시소의 최고점과 최저점 두 곳 모두를 자기의 자리로 여겼다. 성기, 항문, 응가를 삼시 세끼 먹는 것이 좋을 리 없지만, 그는 이런 식생활을 뽐내는 듯하다. 이런 식생활이 그를 왕좌에 앉힌다. 이런 식생활이 그에게 치욕을 안긴다. 이런 식생활이 그를 과찬과 시성諡聖에 값하는 존재로 만든다.

3.

에슐먼에 따르면 아르토는 "51번의 전기충격치료를 받았다." 그에게 "부상과 공포"를 안겨준 치료, 그의 "아홉번째 흉추"를 골절시키고 그를 90분간 혼수상태에 빠뜨린 치료였다("전기충격에 의한 혼수상태의 평균보다 3~4배 길었다"). 그는 "심각한 내장 출혈 증상"으로 고통받았고, 의사에게 "치료를 중단" 해달라고 애원했다. 치아도 여러 개 빠졌다. 전기충격이라는 나사못이 그의 몸을 거세게 찔렀다. 정신병과 정신 치료가 그를 강간하는 신처럼 느껴졌다. 아르토의 작업은 정신적 침해를 묘사하는 메시아적 설명들로 가득하다. 「광인 아르토Artaud the Mômo」라는 시에서 그는 이렇게 쓴다. "신은/시인을 깔고 앉았다/그의 시가 빨아먹은 양분을 갈취하기 위해서였다/뇌가 뀌는 방귀들을/그의 음부를 통해 그에게서 슬슬 알겨내듯이." 나는 신탁의 권위를 가진 똥 축제 같은 이 시에서 한 대목 더 인용하고 싶은 충동을 이기지 못한다. "이상향의/노폐물인 이 땅에서,/그 높은 이상에 처음 속아 넘어간 사람은/이런 굴 속에서 자식을 속인/부모가 아니라/나의 광기에 못 박힌/나 자신이었다."

4.

아르토의 상상력이 만들어낸 유령들이 (창자처럼 긴 나사못인 양) 그의 의식을 들쑤시면서 안으로 박혀 들어갔고, 비역질 끝에 그를 죽였다. 그는 이렇게 제물이 되는 경험(처벌로서의 비역과 연결되는 경험)을 '신비주의'라고 불렀다. 『감탄사들 *Interjections*』에서 그는 "신비주의의 긴 자루는/변기솔 손잡이처럼/이제 현실에도 있고 나의 몸속에도 있다"라고 쓴다. 아르토에게 신비주의적 도취감은 빗자루로 강간당하는 느낌과 유사했다. 여기까지는 비유다. 하지만 여기서부터는 비유가 아니다. 1997년에 남자 화장실에서 뉴욕시 경찰관 저스틴 볼프가 아이티 남자 애브너 루이마의 직장에 빗자루의 부러진 쪽을 박아 넣은 다음 그의 입에는 뚫어뻥을 쑤셔 박았다. 경찰관들이 흑인에게 일상적으로 잔혹 행위를 저지른다는 데 평소 전혀 신경 쓰지 않던 사람들이 (1991년의 로드니 킹 구타 사건, 곧 로스앤젤레스 경찰들의 극악무도한 집단폭행 장면이 비디오테이프에 녹화되어 언론에 유포된 사건에 이어) 이 사건을 통해 이 문제를 확실하게 자각하게 되었다. 루이마에게 가해진 폭행은, 그리고 그 폭행에 대한 뉴스를 듣고 읽은 수백만 명의 상상 속에 각인된 고통과 굴욕의 이미지는 지금 이 순간에도 이 역사적 환경(뉴욕시라는 나를 둘러싼 대기, 이렇게 마구잡이로 연동하는 신체들과 건물들과 제도들)의 일부로서 마치 대기 중의 질소처럼 존재하고 있다. 여기서 숨 쉬는 사람은 누구든 매 순간 굴욕에 관하여 '생각'하고 있다는 것이다. 생각이 달아나게 내버려 두든 그렇지 않든 말이다. 나는 아르토의 예술 작업을 논의하는 맥락에서 루이마 고문 사건을 언급하는 것을 정당화하는 것은 무엇일지 고심하느라 긴 시간을 보냈지만, 내가 뉴욕시에서 살아오면서 이런저런 것들을 보았다는 사실과 뚫어뻥이 강간 도구로 사용되었다고 정론지에서 거듭 언급되었던 기억이 제정신을 가진 독자의 양심에서 쉽게 사라지지는 않으리라는 사실 외에는 그것을 정당화할 것은 전혀 없겠다는 결론을 내리게 되었다.

5.

아르토의 아나키적인 작업들이 쏟아져 나온 데는 야만과 통하는 광기가 있었다(그리고 의사들에 의해 부과된 형벌이 있었다). 아르토는 잔 다르크 같은 순교자나 애브너 루이마 같은 공권력 피해자가 아니었음에도 자기의 고통이 그들의 고통과 같은 종류인 듯 묘사했고, 권위자들의 손에 도살당하는 것이 어떤 기분인지를 표현한다는 과제를 수행하기 위해 예언자처럼 외치는 피해망상적인 문체를 동원했다(권위자들에는 **권위주의적 성향을 가진 본인**도 포함되었다). 아르토는 후기의 구술 연작에서 이렇게 말했다. "나는 신으로서 당한 것이 아니라,/나로서, 존재하는 나로서/이렇게 하나밖에 없는 몸으로서 당했다,/모든 것이,/신조차, 이 몸에서 나왔으니,/나는 평생 이 몸으로서 훼손당했고,/모욕당했고, 상처받았고, 더럽혀졌고,/타락했고, 혼란에 빠졌고, 음란해졌다/[…] 나는 여기저기서 조금씩 박해받았다." 나는 글쓰기(또는 예술 창작 행위 전반)를 고문, 즉 아이디어들, 이미지들, 내면의 유령들, 외부의 검열관들에 의해 굴욕당하는 과정으로 묘사한 아르토에게 공감한다. 아르토는 위에서 인용한 더러운 구술이 실려 있는 책 『감탄사들』을 이런 말로 묘사하고 있다. "절대 독해될 수 없는 유형의 책이다/이 책을 처음부터 끝까지 읽은 사람은 아무도 없다/이 책의 작가도 마찬가지다/책이 존재하지 않기 때문이다/이것은 책이라기보다 온갖 데서 못 박히고 찔리고 꽂히는 인큐버스와 서큐버스*의 난교의 열매/인간의 몸을 숙주로 삼아/석쇠 위에서 뒤집히고 또 뒤집히는 칠면조 같은 것." 아야! 글을 쓸 때

---

*   잠자는 인간과 정을 통한다고 하는 남자 귀신과 여자 귀신을 부르는 말.

의 기분이 바로 이런 기분이다. 인큐버스와 서큐버스 들에 의해 못 박히고 비역당하고 찔리는 기분. 각각의 찔림, 각각의 박힘, 각각의 번식이 하나의 생각이고, 나는 그 생각을 하나의 완성된 문장으로 만들려고 한다, 그런 기분. 예술 창작의 과정은 내적 십자가형의 분위기를 풍긴다(파티는 없다).

6.

장-미셸 바스키아는 채색화와 드로잉에서 문자 언어를 사용한다. 그의 그림 속에 적힌 단어들은 (암기용 학습 도구, 그림 설명, 간판, 그래피티처럼 모두 대문자로 되어 있고, 대개 블록체로 되어 있다) 남에게 보여주지 않는 글, 임시로 쓴 글, 글자를 배우는 학생의 필사, 글자를 가르치는 교사의 판서, 알파벳 자모(A B C D E F G)를 이용한 벌칙과 지시 등을 떠오르게 한다. 그림 속에 적힌 단어들의 존재, 그 지워지고 번진 단어들의 목록은 한편으로는 문해력과 언어 체계 앞에서의 굴욕스러움을 표현하기도 하지만, 다른 한편으로는 블록체를 장쾌하고 풍자적이고 장난스러운 방식으로 차용함으로써 그 처벌적 체계를 폭파시키고자 한다. 모든 언어 사용자는 언어를 틀리는 고통을 경험해봤을 것이고, 그 고통의 순간에는 복수 겸 사랑의 행위로서 언어의 얼굴에 굴욕의 펀치를 먹이고 싶었을 것이다. 바스키아가 드로잉과 채색화에 블록체를 사용할 때마다 나는 그가 언어에 굴욕을 가하고 있으며

언어가 가혹한 처우에 대응할 가능성은 늘 있음을 표현한 것이 아닐까 상상해본다. 바스키아의 채색화 〈CPRKR〉(1982)에는 어떤 단어들의 목록이 그의 트레이드마크인 왕관을 떠

받치고 있다. "STANHOPE HOTEL/APRIL SECOND/NINETEEN FIFTY-THREE"(스탠퍼드 호텔/4월 2일/1953년). "THREE"에는 취소선이 그어져 있고, 대신 "FIVE"가 적혀 있다. 클라크-당. 아래쪽에 적힌 "CHARLES THE FIRST./.I"라는 이름은 찰리 파커가 왕족임을 선언한다. 고통의 희생자이자 천재였던 찰리 파커, '스탠호프 호텔'에서 죽은 (술 때문에?) 찰리 파커가 바스키아를 통해 이렇게 시성諡聖된다.* 바스키아가 1981년에 종이에 작업한 무제 작품에는 왕관 밑에 "FAMOUS NEGRO/ATHLETES"(유명한 흑인/운동선수들)라고 적혀 있다. 또 어떤 작품에는 "ORIGIN OF COTTON"(목화의 기원)이라는 글자 밑에 정육면체 또는 상자같이 생긴 검은 선의 사각형이 있다. 드로잉 〈발견되지 않은 천재Undiscovered Genius〉(1982~83)에서 바스키아는 "미시시피Mississippi"라는 단어를 갖고 논다. 그는 이 글자를 다섯 번에 걸쳐 한 줄 한 줄 쌓아 올리듯이 적는다. 어떤 줄에서는 두 개의 "SS"에 동그라미를 치고, 다른 줄에서는 "MISS"에 빨간 네모를, "PPI"에 동그라미를 친다. 식료품들의 목록

---

* 찰리 파커(1920~1955)는 루이 암스트롱, 듀크 앨링턴과 더불어 역사상 손꼽히는 재즈 연주자로 '버드'라는 별칭으로 불렸다. 심각한 마약중독에 무절제한 성생활을 했다고 알려졌으며, 스탠퍼드 호텔에서 30대라는 젊은 나이에 내출혈로 사망했다. 1955년 4월 2일, 카네기홀에서 찰리 파커 추모 콘서트가 열렸다.

은 두 차례 적는데, 여러 아이템이 그렇게 쌓여 있는 모습 자체가 굴욕이 어떻게 작용하는지를 재현하고 있다(굴욕은 그렇게 여러 감정을 위장 속에 쌓아 올려 꽉 쥐어짠다). "MEAT/FLOUR/SUGAR/ALCOHOL/TOBACCO/CORN"(고기/밀가루/설탕/술/담배/옥수수). 그림 상단에서 바스키아는 '자유의 여신상'을 대충 스케치하고 그 옆에 배 한 척을 그려 넣은 다음 "SLAVE SHIP©"(노예선©)이라는 저작권 표시를 했다. 이로써 우리는 역사의 상품화라는 측면을 경계하게 되는 한편으로, 바스키아라는 아티스트가 아프리카계 미국인들의 역사적 기원으로서의 굴욕을 영리하게, 대담하게(아티스트 본인의 음험한 트레이드마크로 채택하는 방식으로, 또는 자기 작품의 기조, 모형, 집짓기 블록이 되어줄 모종의 아이템으로 삼는 방식으로) 활용하는 측면을 경계하게 된다. 채색화 〈할리우드의 아프리카인들Hollywood Africans〉(1983)에서 그는 "HOLLYWOOD AFRICANS"라는 문구를 다섯 번 적는다. 그리고 그중 두 개를 지운다. 그리고 그중 한 개를 저작권 로고로 장식한다. 한 단어를 지운다는 것은 그 단어에 굴욕을 가하는 것이다. 한 단어를 지운다는 것은 그 **언어가 이미 나를 지웠다**는 사실을 (우회적으로나마) 가리켜 보인다. 채색화 〈텔레비전과 동물학대Television & Cruelty to Animals〉(1983)에서 바스키아는 "POPEYE VERSUS/THE NAZIS."(뽀빠이와 나치의/대결)라고 적은 뒤 여기서 "A"를 지우고, 이 그림의 다

른 부분에서는 이 표어의 스페인어 버전을 시험하기라도 하
듯 "POPEYE/VERSUS/LOS/NA/ZIS"라고 적은 뒤 그 전체
를 지우며, 이 그림의 하단에서는 "VERY EXPENSIVE"(아주
비싸)를 지운다. 나는 바스키아의 블록체 글자로부터 강력하
고 직접적인 쾌감을 얻는다. 단어들은 시각적 오브제들이 되
고 한 편의 그림이 한 편의 시 텍스트가 된다. 다른 형식으로
는 표현될 수 없을 의미심장함이 화면 가득 울려 퍼진다. 바스
키아는 이렇게 암시적이고, 종잡을 수 없고, 코믹한 언어적 표

현을 가지고 언어 체계에 굴욕을 가하고 있는 것 같지만, 그림을 보는 사람에게도 같은 방법으로 굴욕을 가하고 있는 것 같다. **언어는 나에게 벌을 준 체계다. 그러니 나도 화답의 의미로 언어에 벌을 줄 것이다.** 의미가 통하느냐 종잡을 수 없느냐가 누가 보고 있느냐에 좌우되는 그래피티와 마찬가지로, 바스키아의 그림 속 글자는 그가 우리에게 던지는 결투장, 읽을 테면 읽어보라는 부추김이다.

7.

체계로서의 언어, 규약으로서의 언어, 훈육으로서의 언어는 언어의 성 안으로 들어가고자 애쓰는 모든 사람에게 부끄러움을 안긴다. 바스키아의 그림 속 글자―그렇게 채색화나 드로잉에 들어가 있는 것이 잘못이기라도 한 것처럼 우리를 깜짝 놀라게 하는 단어들―는 부끄러움의 표현이기도 하지만, 부끄러움이 자긍심, 분노, 배짱, 예술이 되는 전환과 반전의 표현이기도 하다. 채색화 〈에로이카 II〉(1988)에서 알파벳순으로 정리되어 있는 속어들은 소수자 언어의 비체성卑體性을 노출하기도 하지만, 소수자 언어의 생동감, 근사함, 복잡함, 지적인 묘미를 과시하기도 한다. "BACKPIPE"는 "VACUUM CLEANER"(진공청소기)라는 의미, "BALL & CHAIN"은 "WIFE"(아내)라는 의미, "BANANA"는 "ATTRACTIVE LIGHT SKIN BLACK FEMALE"(매력적인 밝은색 피부

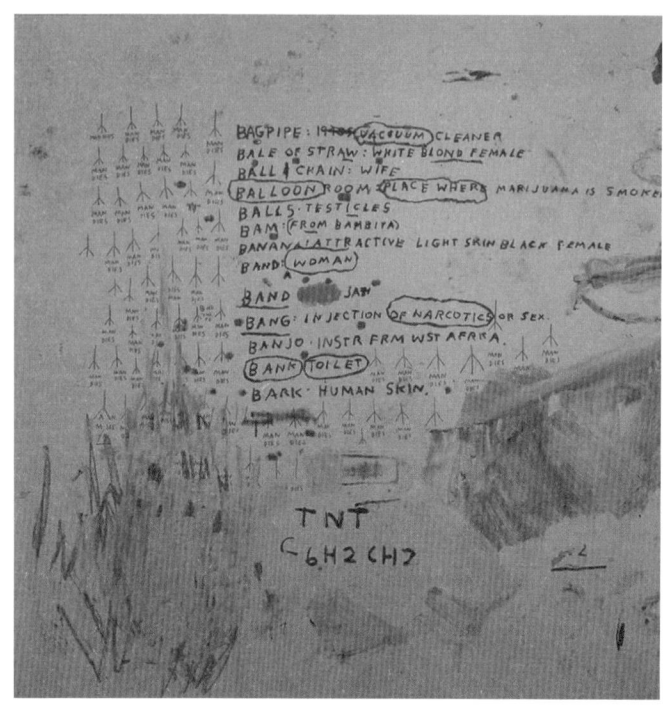

의 흑인 여성)이라는 의미, "BANG"은 "INJECTION OF
NARCOTICS OR SEX"(마약 투여 또는 섹스)라는 의
미, "BANK"는 "TOILET"(변기)이라는 의미, "BARK"는
"HUMAN SKIN"(인간의 피부)이라는 의미. 우리는 이런 (보
들레르가 조응이라고 지칭한, 모든 명사가 다른 명사를 상징하
는) 관계 방식을 학습하는 단계, 배우고 익히는 마스터링 단
계를 거친다. 우리가 이런 관계 방식을 직설적인 볼드체로(교

사의 판서나 간판의 광고에 쓰이는 서체, 우리를 이따금 바보로 만드는 말들을 바보로 만드는 서체로) 리마스터링, 리라이팅하는 바스키아의 그래픽 효과를 경험하게 되는 것은 그 다음 단계다.

8.

언어는 상처를 낸다. 언어는 굴욕을 가한다. 문법 실수를 저질렀을 때나 공인받지 못했을 때만 굴욕스러운 것이 아니다. 교체, 대리, 관련, 수습, 혼선의 체계로서 언어는 늘 누군가에게 골탕을 먹인다. 누군가는 늘 언어에 골탕을 먹는다. 은행은 변기. 족쇄는 아내. 기표(비웃는 표정)는 기의를 비웃는다. 비의적秘儀的 언어는 (억압자의 아카데미 언어든, 피억압자의 지하 그래피티-스캣 언어든) 그 언어의 비밀을 해독할 수 없는 이들이나 그 언어를 이해하지 못하는 상태에 갇힌 채 살아가야 하는 이들에게 굴욕을 가한다. 암호로만 말하는 것, 책잡히는 서발턴의 언어로만 말하는 것은 굴욕적이다. 하지만 그런 현지어의 밖에 서 있는 것, 그 언어를 이해하지 못한 채로 그 언어의 무례함을 감지하는 것도 굴욕적이다.

9.

바스키아의 경우는 그래피티에서 단어들을 사용함으로써 언어에 잽을 날린다. 그런 방법으로 그는 언어를 대할 때의 굴욕스러움을 표현할 뿐 아니라 지독한 굴욕 가하기(**언어, 네가 나를 엿 먹이냐? 당장 꺼져!**)와 언어 숭배하기(**단어들이여, 대단한, 역겨운 미물들이여, 너희들이 너무 오랫동안 내 위에서 왕 노릇 했으니, 이제 내가 지하세계 텍스트의 황태자로 등극해야겠다**)라는 적극적 욕망을 표현한다. 한편, 전기충격 장비에 묶여 있는 우리의 아르토는 시이기도 한 드로잉들을 제작함으로써 언어에 잽을 날린다. 적들에게 저주를 걸기 위해 제작한 이 작업물들을 그는 "마법의 주문呪文"이라고 부른다. 아르토는 사디즘적 흑마술을 완성하기 위해 작업물의 지면에 불을 붙인다(성냥불이나 담뱃불로 지져 거뭇거뭇한 구멍을 낸다). 이렇게 제작된 마법의 주문은 예술작품 혹은 시라는 것을 알아보기 힘든 끔찍한 문서다(십자가에 못 박히거나 고문당한 탓에 여기저기 불타고 구멍 난 시체 같기도 하고, 베네치아 레이스 커튼 한 조각과 동굴벽화 한 부분과 포그롬 직후에 불탄 시나고그에서 건진 예배 자료 한 쪼가리가 합쳐진 것 같기도 하다). 나는 남은 인생 동안 이 주문——아르토의 군데군데 불탄 마법 문서——으로부터 교훈을 얻게 될 것이다. 그가 불태운 구멍이 단어의 흐름을 끊는 대신 이어나가는 것처럼 보이는 이유는 문학이 구멍의 상태가 되기를 원하기 때문인지도 모른다. 종이에 글을 써넣는 손이 종이를 불태워야 하는 이유는 글이 상처로 존재하기를 원하거나 언어와의 관계에서 비롯되는 작가의 상처를 표현하기를 원하기 때문인지도 모른다. 이런 구멍

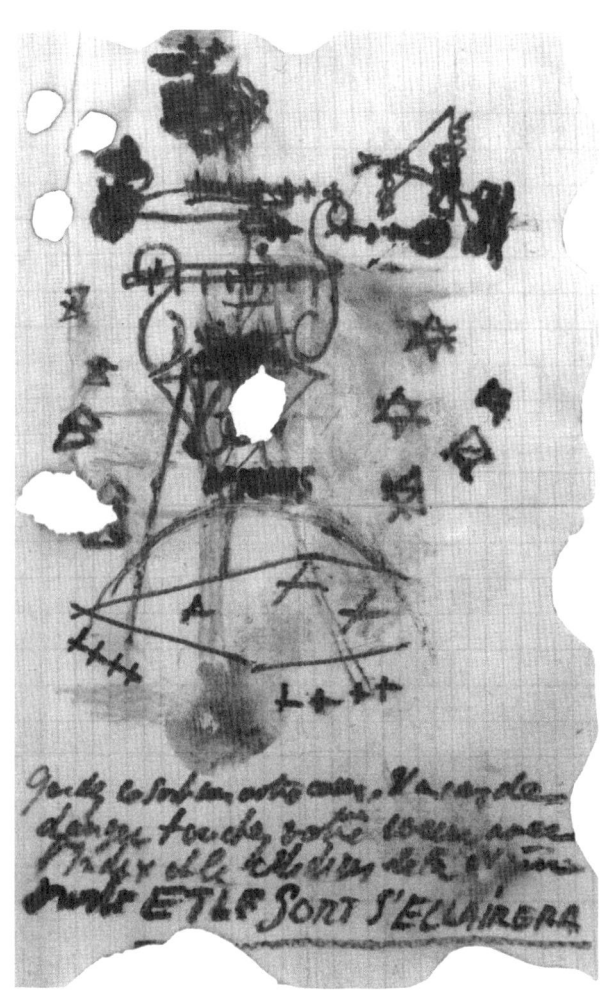

들은 의미의 침점鍼點들이다(롤랑 바르트는 사진에서 튀어나

와 관람자의 눈을 사로잡는다는 의미의 '찌르기'*를 묘사하기 위

해 푼크툼punctum이라는 단어를 사용한다). 아르토의 구멍들 (신이 못처럼 그에게 박히는 장소들)은 미친 듯 불을 지르는 그의 전全 작품을 통틀어 가장 흥미진진한 장소들이다(이런 장소에서 그는, 카슨이 표현한 대로 "신이 그의 음부를 통해 그를 끄집어내고 있다"고 느꼈다). 바스키아의 블록체 글자들과 마찬가지로, 아르토의 구멍들은, 지배당하고 있는 정신에 붙잡혔을 때의 언어는 불태우기든 구멍 내기든 글자 그대로 밀어 붙이기든 모든 필요한 조치를 통해 그 지배 상태를 무너뜨려야 한다는 (엄숙하면서도 흥분을 감추지 못하는) 최후통첩이다. 바스키아의 글자들("NEGROES/NEGROES/NEGROES" "MISSISSIPPI/MISSISSIPPI/MISSISSIPPI/MISSISSIPPI")은 아르토의 주문들과 마찬가지로 유령들을 내쫓는다. 바스키아의 채색화 〈유령들 내쫓기To Repel Ghosts〉(1986)에는, 블록체의 "TOREPELGHOSTS" 밑에 상표trademark를 뜻하는 "TM"이 적혀 있고, 단어 사이에는 띄어쓰기가 거의 되어 있지 않다. 단어에게는 따로 떨어져 있는 것보다 다닥다닥 붙어 있는 것이 더 큰 처벌, 더 큰 굴욕이기라도 하다는 듯. 나도 내 아이디어들과 추론들을 전부 다닥다닥 붙어 있게 만들고 있는 것 같다. 그런 방법으로 그것들에게 굴욕을 가할 수 있거나 그것

---

* prick에 '찌르는 아픔'이라는 뜻과 함께 '음경'이라는 뜻이 있음을 이용한 말장난.

들이 자유롭게 호흡하는 것을 막을 수 있기라도 하다는 듯.

10.

이제 현대회화 화가이자 개념미술 아티스트 글렌 라이곤의 작업으로 넘어가보겠다(2011년에 휘트니 미술관에서 그의 회고전이 열렸다). 그의 대표작이라고 할 수 있는 채색화 〈무제(나는 인간이다)untitled(I Am a Man)〉(1988)는 민권운동의 표어를 흰색 바탕에 검은색 글자로 재현한 유화로서 I Am a Man('Am'에는 밑줄이 그어져 있다)이라는 다의적 표현을 우

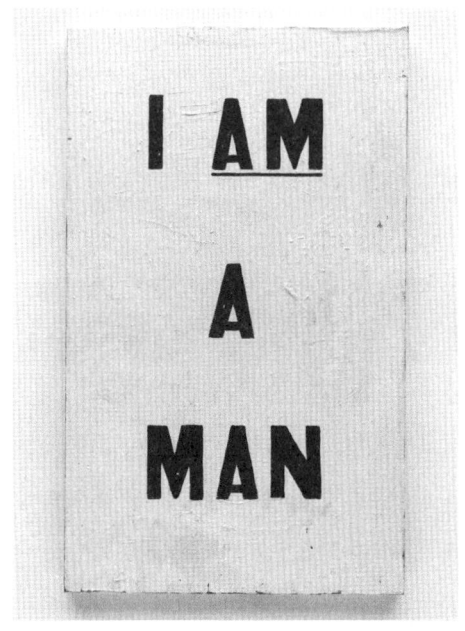

리 앞에 들이댄다. 우리의 시선은 선명하면서도 모호한 단어들을 읽는 일과 그 단어들이 떠 있는 추상적 배경의 흰색 표면을 보는 일 사이에 끼어 있다. 라이곤은 역사적 발언이었던 이 표현의 의미를 이중화한다. 마틴 루서 킹 주니어가 앨라배마주 버밍엄에서 감옥에 갇히고 25년이 지난 시점이자, 애브너 루이마 고문 사건까지 9년이 남은 시점에서 라이곤이 인간다움manhood에는 여러 뜻이 있다는 점과 "나는 인간이다"라는 말이 투명하게 선명한 진술이 아니라는 점을 역설할 때, 저 아프리카계 미국인 활동가가 자기가 인간임을 부정하는 힘에 항거하기 위해 했던 그 말(나는 인간**이다**)의 힘은 오히려 더 강력해진다. 나는 정말 인간인가? 인간이란 무엇인지 아는 것이 쉬운 일인가? 내가 인간이라고 말하기만 하면 나는 그 수행 행위를 통해 인간이 되는가? 나의 남성적인 면을 인정받지 못한다면, 그래도 나는 여전히 인간인가? 또 다른 채색화에서 라이곤은 "나는 보이지 않는 인간이다"라고 역설한다(랠프 엘리슨의 소설 첫 대목을 대문자 블록체로 써 내려간 작품이다). "나는 무엇이다"라고 말하는 것이 쉬운 일이었던 적이 있는가? 라이곤의 그림 속 글자들은 스텐실 공정의 산물인 탓에 자서전의 말들처럼 자연스럽게 분출하는 것이 아니라 따분하게, 암기식으로, 처벌적으로 작동하는 모종의 장치에 얽매인 듯한 인상을 준다. 라이곤이 빌려온 말들(형식주의에 의해 매개된, 마취된 말들)이 굴욕(비가시성, 비남성성)을 언급하는 동시에 굴욕에 반전을 가져올 수 있는 데는 그 글자들의 공들인, 하지만 편집되지 않은 정직함이 있다. 그 글자들은 이미지가 아니라, 그래픽 작업이 아니라, 감상주의적 훈계든 권위주의적 훈계든 어떤 훈계가 아니라 **그저 글자일 뿐**이라는 점을 그 글자들 자체가 역설하고 있다. 라이곤의 그림 속 글자들은 마법의 주문들이다. 그 말들은 고통을 주는 수업들에 관하여, 읽기를 배우는 것에 관하여, 읽기를 배우지 못하는 것에 관하여, 문맹과 문해력 사이의 책잡히는 문턱에 관하여 말한다. 그리고 그 말들은 (블록체든 스텐실이든 그래피티든 어떤 기법으로든, 또한 포커페이스로든 맹비난으로든) 당신의 의식 내부까지 행진함으로써 "밤을 되찾는" 성인 아티스트의 인과응보 메커니즘에 관하여 말한다. 하지만 라이곤의 여러 채색화에서 이런 글자들은 너무 두껍게 칠해져 있기 때문에 개별 철자들의 형태가 사라져 글자가 읽히지 않는다. 그런 라이곤의 채색화 한 점은 조라 닐 허스턴의 말을 반복하면서 시작되는데["I FEEL MOST COLORED/WHEN I AM THROWN/AGAINST A SHARP WHITE/BACKGROUND"(내가 가장 유색인이라고 느낄 때는/선명한 백색/배경 속에/내던져졌을 때)], 세로로 긴 그림을 읽어 내려가다 보면 색칠이 점점 두꺼워져서 글자를 알아보기가 점점 어려워진다. 또렷했던 글자들이 점점 얼룩지고 지워지는 동안, 우리는 간절한 언어, 영적으로 충만한 언어를 가지고 굴욕에 맞서고자 했던 시도가 채색 작업 그 자체

의 방해에 부딪혔다는 느낌을 받게 된다. 매체가 메시지를 삭

제한다. 매체가 메시지에 굴욕을 가한다. 결론은(비유담에 뭘

푸가 10

더 바라는가?), 미술 재료가 아티스트에게 굴욕을 가한다는 것이다.

11.

내가 아르토와 바스키아와 라이곤의 미술 작업에서 글자와 굴욕의 관련성을 과장하고 있다고 생각할 독자도 있을 것이다. 내 논리가 빈약하고, 내 논지가 어떤 아젠다를 지지하는지 불분명하다고 생각할 수도 있을 것이고, 그런 주장은 어떤 면에서 옳을 것이다. 나는 글자를—그리고 구멍과 취소선과 얼룩을—여러 가지 목적으로 사용하는 예술작품들, 비체성卑體性을 광고할 목적이 아니라 (적어도 바스키아와 라이곤의 경우에는) 침착성과 장난기와 아이러니를 연습할 목적으로, 그리고 개념미술의 역사에 근거한 논의를 전개할 목적으로 그 모호한 자국들을 사용하는 예술작품들에 '굴욕'이라는 말을 적용하고 있다. 내 논리의 빈약함을 (타당하게) 비판하는 독자에게 내가 내놓을 수 있는 반론은 다음과 같은 보잘것없는 반론뿐이다. 나는 작가이고, 내가 **내적 사건**으로서의 굴욕의 비논리적 침입을 가장 강렬하게 감지하는 영역은 '어덜트존'이자 '세이프존'이라고 여겨지는 글쓰기의 영역이다. 고로, 나는 글자에 관하여 이야기할 수밖에 없다. 오브제로서의 글자에 관하여, 반항적인 블록체의 삭제되고 지워진 글자에 관하여, 종잇장을 태운 구멍에 관하여 이야기할 수밖에 없다. 어쨌든 당신은 나에게서 나온 글자들로 이루어진 책을 들고 있다. 내 손과 내 상상력이 이런 글자들을 내놓기까지, 고투가 있었고 꺼림칙함이 있었고 자포자기가 있었고 거의 육체적인 불행이 있었다(그것들은 카타르시스라는 가면을 쓰고 있었다). 정숙한 독자여, 당신이 나의 책을 받아들일 수 없다면, 부디 성냥불로 이 지면에 구멍을 내라. 분서자가 되라. 그렇지 않다면, 당신의 지면에 이 책의 글자들을 블록체 대문자로 옮겨 적으라. 나의 대필자가 되라. 나의 굴욕당하는 필경사가 되라.

12.

나는 나의 친구이자 동료였던 이브 코소프스키 세지윅에게 많은 빚을 졌다. 그녀는 세상을 떠났고, 나는 빚을 갚는 일을 계속 미루고 있었다. 그녀는 퀴어 문학과 퀴어 문화에서 부끄러움이 어떤 역할을 하는가에 대해 유력한 에세이 여러 편을 집필함으로써 소위 '부끄러움학學'이라고 할 한 분야를 개척했다. 그중 「부끄러움, 연극성, 퀴어 수행성: 헨리 제임스의 『소설의 기술』」이라는 에세이에서 세지윅은 부끄러움이 어떻게 개체 간 경계를 허물 수 있는가에 대해 인상적인 설명을 들려준다. "부끄러움은 유난히 전염력이 크고, 유난히 개체화에 일조한다. 부끄러움에서 가장 이상한 속성 중 하나가 뭐냐 하면(단, 정치적 과제를 수행하는 데는 이 속성이 개념적으로 가장 효과적일 텐데), 내가 부끄러움을 잘 느끼는 사람일 경우, 타인이 다른 누군가로부터 당하는 부당한 대우, 타인의 곤혹, 오명, 장애, 나쁜 냄새, 이상한 행동 등 나와는 무관해 보이는 것들이 나에게 너무나 손쉽게 밀려 들어온다는 것이다." 당신이 이 문장을 읽고 있다면, 당신은 부끄러움을 잘 느끼는 사람이다. 세지윅이 "부끄러움에 의해 그려진 정체성의 장소"라고 부르는 지점들, 곧 "부끄러움에 대한 의식과 부끄러움을 통한 창작"의 매듭 지점들은 "레즈비언과 게이의 세속 공간들을 내밀하게 둘러싼다"(주네와 아르토가 이 대목을 읽었다면 "부끄러움을 통한 창작"이라는 표현에 환호했을 것이다). 그녀가 기도문을 읊조리듯 그런 공간들을 열거할 때, 수용적 독자는 뿜어져 나오는 에너지를 간접적으로 경험할 수 있고 우리의 현대 세계에 표현력을 최대한 꽃피울 가능성이 이토록 풍성하다는 데 경이를 느낄 수 있다. "부치의 비체성, 페미튜드, 가죽, 자긍심, SM, 드래그, 뮤지컬리티, 피스팅, 애티튜드, 동인지, 연극성, 금욕성, '스냅!' 문화, 디바 숭배, 종교적 화려함. 한마디로 말하면, **플레이밍**flaming. 그리고 액티비즘." 세지윅은 자기가 부끄러움을 잘 느끼는 사람이라는 확증을 심리학자 실반 톰킨스의 이론들 속에서 발견했고, 그의 작업들을 묶어 『부끄러움과 그 자매들*Shame and Its Sisters*』을 펴내기도 했다. 나였다면 부끄러움과 굴욕을 별개의 것으로 논의했겠지만(부끄러움은 비체가 된 듯 얼굴이 붉게 달아오르는 느낌인 반면, 굴욕은 부끄러움을 야기하는 장치 전체, 부끄러움이 등장하는 무대 전체이고, 이 무대는 가해자, 피해자, 목격자를 포함한다는 식의 논의), 톰킨스는 두 정동을 한 묶음으로 연결한다. 부끄러움-굴욕. 그는 틀어진 만남, 어긋난 만남(상대의 낯섦, 또는 냉담함, 또는 불친절함이 나의 "관심 또는 즐김"을 가로막는 순간들)을 부끄러움-굴욕 이론의 핵심으로 삼는다. 부끄러움이 느껴지는 때는 "관심을 떨어뜨리거나 즐거운 미소를 사라지게 하는" 일이 생겼을 때인데, 그럴 때는 "부끄러워서 고개와 시선을 떨구게" 되고 "더 이상의 탐색이나 자기노출"을 시도하지 않게 된다. 매력적이게도 톰킨스는 부끄러움을 촉발할 수 있는 것들의 목록을 작성하면서 "낯선" 느낌(이질감, 생소함, 인정받지 못한 느낌)에 초점을 맞춘다. 부끄러움이라는 정동이 촉발되는 때는 "갑자기 낯선 사람의 시선을 받게 되었을 때, 아니면 다른 누군가에게 시선을 보내고 싶은 마음, 교감하고 싶은 마음이었는데 그 사람이 낯선 사람이라 갑자기 그럴 수 없게 되었을 때, 친숙하다고 여겼던 사람이 갑자기 생소하게 느껴질 때, 다른 누군가를 향해 미소를 짓다가 그 사람이 모르는 사람이었다는 것을 깨달았을 때"이다. 표현을 바꾸어보겠다. 지금 나는 마치 이 책이 내 몸의 소우주이기라도 하다는 듯 당신 앞에 펼쳐놓고 애정과 관심과 존중을 청하고 있는데, 당신이 내 책을 읽기를 원하지 않거나 나를 이해하기를 거부하거나 이 책을 싫어한다면, 나는 부끄러움을 느낄 것이다. 언어에는 부끄러움이 내재해 있다. **당신이 반응해주지 않는다면, 당신이 즐겁게**

**읽어주지 않는다면, 당신이 화답해주지 않는다면, 당신이 보답
해주지 않는다면, 당신이 환영해주지 않는다면** 부끄러움이 솟
구치겠지만, 부끄러움이 솟구칠지도 모른다는 걱정 없이 솔직
한 말을 꺼내기란 불가능하다. 톰킨스는 이런 말을 했다(세지
윅은 이 대목이 위안이 된다는 점에서 거트루드 스타인의 기도문
형식과 닮았다는 데 감탄했다). "나는 당신의 목소리를 들어보
고 싶은데 당신은 나에게 아무 말도 해주지 않을 때, 나는 부
끄러움을 느낄 수 있다. 나는 당신에게 말해보고 싶은데 당신
은 들어주려고 하지 않을 때, 나는 부끄럽다. 나는 당신과 대
화를 나누려고 했는데 당신은 대화를 원하지 않을 때, 나는 부
끄러울 수 있다. 나는 나의 생각, 나의 소망, 나의 가치관을 당
신과 나누어보려고 했는데 당신은 화답해주지 않을 때, 나는
부끄럽다. 내가 말하고 싶어 하는 바로 그때 당신도 말하고 싶
어 한다면, 나는 부끄러워질 수 있다. 내가 당신에게 내 생각
을 들려주기를 원하는 바로 그때 당신도 나에게 당신의 생각
을 들려주고 싶어 한다면, 나는 부끄러워질 수 있다." 고개를
떨구는 것은 부끄럽다는 신호다. "부끄러움이라는 반응은 얼
굴 표정을 통한 의사소통을 가로막는다." 나는 시선과 고개를
떨군다, 나는 축 처진다, 나는 당신의 얼굴을 바라보기를 멈춘
다. 나에게 부끄러움을 안겨주는 당신의 시선을 피하기 위해
나는 손으로 얼굴을 가린다. 내가 흥분했을 때 당신이 함께 흥
분해주지 않는다면, 흥분하는 것은 굴욕적일 수 있다. 이 문

단에 담긴 모든 것을 나는 끊임없이 흥분하는 이브 코소프스키 세지윅으로부터 배웠다. 그녀가 동시대 지적 생활의 섹시한 논점, 벌충의 논점, 스스럽지 않은 논점으로서의 부끄러움을 소개해주지 않았더라면, 나는 이 책을 쓰지 않았을 것이다. 그녀는 "부끄러움을 통한 창작"을 이해하고 있었다. 작가에게 부끄러움이 없다면 글을 쓰고 싶은 마음을 가질 수 없을지도 모른다는 것을 (하지만 부끄러움이 글쓰기 기량을 압도하고 훼손할 수도 있다는 것을) 그녀는 이해하고 있었다. 내가 아르토의 구멍들에 끌리는 것도 그 때문이다. 그렇게 타버린 곳에서 나는 그의 부끄러움의 성흔을 본다, 표현력을 거의 상쇄하는 그림자를 본다.

13.

이브가 있는 자리에서 나는 때로 내가 충분히 똑똑하지 못한 사람이라는 것이 부끄러웠고, 내가 너무 허물없이, 너무 편안하게, 너무 당당하게 있었다는 것이 부끄러웠다. 수줍음을 닮은 그녀의 태도는 다른 사람들의 안락함이 점잖은 것인지 또는 유효한 것인지에 관해 의혹을 던지는 듯했다. 달리 말하자면, 그녀의 부끄러움에는 전염력이 있었다. 그녀의 그런 면을 묘사해보려고 하는 지금, 나는 평소의 곱절로 부끄러움을 느낀다. 그녀는 내가 이 책의 집필에 착수하기 9개월 전에 암으로 세상을 떠났다. 우리가 마지막으로 만났을 때, 그녀는 다리

마비 증세를 겪고 있었다. 그녀는 자기를 가리켜 "어엿한 장애인"이라고 했다(소수자 집단에 기쁜 마음으로 동일시하는 자긍심과 위트의 표현이었다). 그녀는 걸을 수 없는 상태로 뉴욕시를 돌아다니는 법을 배우는 일에 호기심이 생긴다고 했다. 그녀는 굴욕을— 또는 괴로움이나 우울증을 — 창의적이고 다정한 사업으로 전환하는 일의 전문가라는 점을 다시 한번 스스로 증명해 보였다. 그녀는 사석에서 또는 지면에서 스스로를 "뚱뚱하다fat"고 묘사하곤 했다(그녀는 이 단어를 회피하지 않았다). 엄청난 거구의 배우이자 영감을 주는 배우인 디바인은 〈핑크 플라밍고〉와 〈멀티플 매니악〉 등 무례한 비전을 펼치는 존 워터스의 여러 영화에서 주연으로 활약한 드래그 퍼포머인데(본명은 글렌 밀스테드), 세지윅이 (마이클 문과 공동 집필한) 디바인에 관한 에세이에서 지적한 대로, 디바인은 "손상된 정체성"의 사도였고, 다른 손상된 정체성들이 그녀의 손상을 중심으로 성좌를 이룰 수 있었다. 손상된 유명인사들로 이루어진 그 성좌에는 "진 힐이라는 180킬로그램의 흑인 여성도 있었고, 역시 거구였던 이디스 매시도 있었다. 매시는 목소리가 걸걸하고 치아 사이가 벌어져 있으며 사람을 끄는 매력이 있고 말투가 웅변적이고 지능이 낮아 보이는 나이 든 백인 여성이었다." 어떤 종류의 관객은 존 워터스가 이디스 매시를 영화에 캐스팅함으로써 그녀에게 굴욕을 가했다고 생각할지 모른다. 다른 종류의 관객은 — 나도 여기 속하고, 이브도 여기 속했다 — 이디스를 스타로 만들기 위한 조치가 취해지는 세계, 그녀의 비체성에서 굴욕을 보는 것이 아니라 환한 빛과 신성함을 보는 세계는 "디바인의 비만"에서 "비호감과 무능력"이 아닌 "거부할 수 없는 매력"을 느끼는 세계와 동일한 세계, 곧 가치가 역전된 세계라는 것을 이해하고 있었다. 낙인이 영광스러움이 된다. 뚱뚱함이 아름다움이 된다. 나는 이번 푸가를 비만에 대한 긍정으로, 그리고 세지윅이 "뚱뚱한 여성으로서의 커밍아웃"이라고 부른 기운 나는 제스처에 대한 찬미의 환성으로 마무리하겠다. 굴욕의 운명을 짊어진 사람들은 공적 공간에 대한 권리를 주장할 때 온순한 태도를 보여야 한다는 모든 가정을 그녀는 한 문장으로 날려버렸다. "본인을 '비만 여성'이라고 명명하는 일은 […] 이 문화의 의미망이 비만을 긍정하지 않는다면 그만큼 공격적이고 폄하적인 의미망이 되리라는 것, 공격적이고 폄하적인 의미망으로 간주되리라는 것을 본인의 주변 사람들에게 분명히 밝힐 수 있는 한 방법이다." 비만의 가치를 긍정하지 않는다면 비만 혐오자라는 말이다.

14.

나는 이브의 손목을 좋아했다. 그녀의 손목은 굵었다. 내 손목은 가늘다. 누군가가 '비만'이라는 단어를 말하거나 생각함으로써 그녀에게 굴욕을 가할 가능성이 있다는 것을 그녀는 늘

의식하고 있는 듯했다. 지금 내 눈앞에 그녀가 차고 다니던 옥
팔찌의 이미지가 떠오른다. 그녀는 부끄러움이라는 화끈거리
는 감각(결코 단순하지 않은 감각, 슬픔으로부터 결코 멀지 않은
감각)을 온전히 받아들이면서 자긍심을 느꼈지만, 아르토는
그 얄팍한 바닷빛 링이 부끄러움을 차단하는 부적이기도 했다
는 것을 알아보았을 것이다.

15.

낯선 만큼 읽는 즐거움을 더욱 돋워주는 프랑시스 퐁주의 산
문시 『비누』에서 비누의 용해는 굴욕의 한 형태로 언급된다.
"물에 긴밀하게 녹아듦으로써 비누는 물에게 당한 굴욕을 물
에게 되돌려준다." 자기 자신과 비누를 혼동함으로써, 비누와
결혼함으로써, "모든 더러운 것의 기억은 녹아 없어진다"는
것을 알게 된다. 비누는 그 부끄러운 기억을 잊는다. 하지만
그 부작용으로 비누는 존엄의 상실—"망신lost face"—을 겪
는다. 그리고 그렇게 망신당했다는 이유로 "심한 벌을 받았다
는 것을 알게 된다." 죽음이 왜 굴욕적이냐 하면, 우리가 죽음
의 비눗물 속으로 사라지기 때문이다.

16.

2009년 2월 칠레에서 "실업은 굴욕이다"라는 그래피티가 그
려졌다. 바스키아의 채색화에 나올 것만 같은 큼직한 블록체:

CESANTIA/ES HUMILLACION. 『뉴욕타임스』에 실린 사진을 보면, 부끄러워서인지 집중하는 중이라서인지 아니면 머리를 식히는 중이라서인지 고개를 떨군 한 남자가 녹색 벽에 그려진 그 글자 앞을 지나고 있다. 누아르 멜로드라마의 한 장면처럼 그 남자의 그림자가 "MILL"*이라는 글자 위로 떨어지고 있다.

17.

문맹이자 청각장애인이었고 평생 수어를 배운 적이 없었던 제임스 캐슬은 아티스트('아웃사이더'로 불리는 부류)가 되어 폐지를 가지고 작은 책들을 구성해냈다. 공상만화 같기도 하고, 수제 기도서 같기도 하고, 에밀리 디킨슨의 파시클(종이 다발) 같기도 한 그 책들에 들어가 있는 알파벳들을 그가 꼭 다 이해하는 것은 아니었다. (캐슬은 책자에서뿐 아니라 채색화와 콜라주에서도 단어와 철자를 베껴 썼다. 기존의 철자를 그대로 베껴 쓰는 대신 기존의 철자와 비스무리한simulacral, 알쏭달쏭한 철자들을 그때그때 새로 발명하는 경우도 있었다.) 그가 사용하는 미술 재료는 보잘것없었다. 숯과 본인의 타액이 전부였다. 제임스 캐슬은 본인이 청각장애인이라는 것, 수화를 배운 적이 없고 입술 읽기를 배운 적이 없고 읽기를 배운 적이 없다는 것이

---

* '제분소' '공장' '가루가 되도록 갈다'라는 뜻이다.

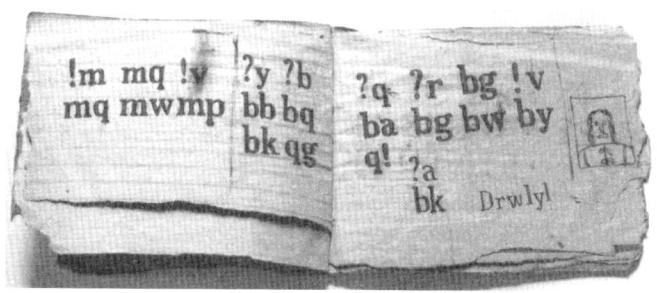

굴욕스럽다고 느낀 적은 없었는지 궁금해진다. 그의 부모는 아이다호주 가든밸리에서 우편물 취급소를 운영했다. 매일매일 우편물이 도착했다. 그는 글자를 해독하지 못했다. 하지만 그는 글자를 오브제로서 사랑했다. 그의 글자 베끼기는 인내와 경배의 모방 행위였다. 그가 이해하지 못한 채로 베낀 글자들은 그를 짓누르는 굴욕의 대행자들이었고, 그는 그런 짓누름을 다정하게 응징하듯 밀어냈다. 그와 편지와의―소통과의―표현과의 관계는 위축된 채 진전된 관계였다. 부끄러운, 하지만 정력적인 관계였다. 인내는 그가 엉터리 책들을 조립해나가는 힘이었다. 손상된 정체성은 그가 보상이라는 이삭을 말없이 줍는 밭이었다. 성과는 굴욕당하는 사람들의 것이다.*

---

* spoil에 '손상을 가한다'는 뜻과 '성과'라는 뜻이 있음을 이용한 말장난. 「마태복음」 5장 3절(마음이 가난한 사람은 복이 있다 하늘나라가 그들의 것이다)을 연상케 한다.

똥 싸는 소리를 엿듣는

1.

굴욕은 늘 개인적이다. 누군가 자기가 속한 집단의 특징 때문에 굴욕을 당하고 있을 때도 마찬가지다. 나치 한 명이 유대인 한 명에게 굴욕을 가했을 때, 유대인은 그 굴욕을 개인적으로 받아들인다. (잘못된 추측일까?) 굴욕의 상처는 언제나 내밀한, 예리한 자상刺傷이다. 나 자신의 경험으로부터 벗어나서 모종의 역사적, 문화적 사태들을 되는 대로 설명해보려고 했는데, 그러느라 내가 경험한 굴욕들이라는 단단한 땅에서 너무 멀리 떠나온 것 같다. 내가 정당하게 이용할 수 있는 유일한 땅은 내가 가장 도망치고 싶은 땅이기도 하다.

2.

샌프란시스코 아방가르드 작가 도디 벨러미는 2006년 저서

『아카데모니아*Academonia*』에서 자기의 개인적 굴욕의 목록을 작성한다. 그 목록의 솔직함이 나를 흥분시킨다. 가장 진한 재미를 준 것은 초등학교 화장실과 관련된 일화다. "나는 변기에 앉아 있는 1학년생이다. 내 양옆 칸 여자애들은 쉬하는 소리를 안 내는데 내가 싸는 쉬는 오줌 폭풍처럼 변기 벽을 세차게 때린다. 나는 힘을 줘 참으면서 조금씩 싸려고 노력한다. 좀더 노력하면 나도 다른 여자애들처럼 쉬하는 소리를 안 낼 수 있을 것이다." 또 하나의 울림 있는 굴욕은 시 낭송회에서 일어난다. "그 케임브리지 행사에서 내가 맡은 낭송을 끝마친 직후, 냉랭한 반응에 충격을 받고 고개를 숙였다가 경악한다. 내 검은 바지의 지퍼가 내려가 팬티의 선명한 흰 줄이 드러나 있다." 이제부터 나는 도디 벨러미의 목록에도 지지 않을 나만의 자잘한 굴욕의 목록을 작성할 것이다. 심각한 것은 없다. 생명에 위협이 될 만한 것은 없다. 생지옥에서 겪은 것은 없다. 치유되지 못할 것은 없다. 모두 평범한 인생의 평범한 흐름 속에서 겪은 것들이다. 굴욕적이었다기보다 그저 난처했던 것들도 있다. 그저 사회생활의 곤란함을 보여주는 사례, 또는 내 불친절함으로 인해 느끼게 된 부끄러움을 보여주는 사례도 있다. 나는 이 목록을 작성하면서 즐거움과 역겨움 사이에서 분열된다.

3.

4학년 때, 재채기를 했다. 콧물과 가래가 튀어나와 손바닥에 묻었다. 그 끈적이는 것을 어떻게 제거해야 할지 알 수가 없었다. 바지에 닦아보려고도 했고, 책상 아래쪽에 닦아보려고도 했다. 내 더러운 손바닥을 반 애들이 모두 볼 수 있었다(반 애들이 모두 보고 있을 것만 같았다). 나는 뻣뻣하게 굳은 몸으로 쉬는 시간을 기다렸다.

4.

3학년 때: 연극 리허설 도중에 나와 같이 합창단원 역을 맡은 애가 덜덜 떨기 시작했다. 그애의 발치에 서서히 소변 웅덩이가 생겨났다. 오줌을 쌌다는 것보다 덜덜 떨었다는 것이 더 별로였다. 수위 아저씨가 더러워진 곳을 대걸레로 닦아냈다. 방뇨자는 연극을 그만두었다.

5.

나와 같은 토론 팀인 여자애가 있는 자리에서, 어머니가 나에게 고함을 질렀다. 뷰익 스테이션왜건에 타고 있을 때였다. 그 여자애의 피부는 사시사철 구릿빛이었다.

6.

굴욕의 목록을 하나씩 작성하는 전략으로는 성과를 낼 수 없

푸가 11

232

을지도 모른다.

7.

내 피아노 교사와 점심 데이트 약속을 잡았다. 나는 약속한 시간에 그녀의 스튜디오로 가서 바깥 잔디밭에서 기다리고 있었다. 한 시간 뒤, 그녀가 마침내 나타났는데, 나를 보고 당황한 듯했다. 내가 물었다. "우리 오늘 점심 먹기로 하지 않았나요?" 그녀가 말했다. "나 너무 바빠요." 그것으로 우리의 만남은 끝이었다.

8.

내가 "잘해보고" 싶어 하던 여자애(가슴이 컸다)가 "너 이두박근 좀 만져보자"라고 했다. 나는 오른손으로 힘껏 주먹을 쥐었다. 그 애는 내 사이비 이두박근을 만져보더니 깔깔 웃었다. 그 애는 "근육이 아니잖아"라고 하더니, "네 거보다 내 거가 더 커"라고 했다.

9.

나를 난처하게 만들었던 길고 곱슬곱슬한 머리를 드디어 이발소에서 자르고 왔을 때, 한 친구가 말했다. "이제 머리가 짧아졌으니까 여자애로 오해받는 일은 없겠구나."

극작가 옆에 앉아서 사정을 시작했는데, 바로 그 순간에 도시 설계자가 방에 들어왔다. 극작가는 나를 도시 설계자에게 남기고 떠났다. 도시 설계자는 극작가가 떠난 자리에 앉으면서 나를 바라보았다. 정액이 손에 잔뜩 묻었다. 그날 이후 그 도시 설계자를 볼 때마다, 나는 그가 나를 "손에 정액을 잔뜩 묻히고 뻘쭘해하던 작가"라고 기억하지 않을까 싶었다.

11.

어머니가 고급 레스토랑에서 목에 걸린 빵 조각 때문에 흉측한 소리를 냈다. 다른 손님들이 못마땅하다는 듯 우리 테이블을 쳐다보았다.

12.

어머니가 아버지에게 칼을 들이댔다. 충격을 받은 고모할머니는 검은 가죽의자에 앉아 그 모습을 지켜보았다. (칼날은 무뎠다.)

13.

7학년 때 통통한 얼굴의 여자애가 프랑스어 수업 중에 교실에서 뛰쳐나와서 화장실로 달려갔다(나는 복도에 서 있었다. 왜였지?). 그 애의 흰 스타킹에서 갈색 똥이 흘러내리고 있었다.

자식을 잘 챙기는 그 애의 어머니가 갈아입을 옷을 수위실로
가져다주었다.

14.

7학년 때, 덩치 큰 애가 내 벨트 고리를 이용해 나를 문짝에 매
달았다.

15.

가해자 패거리가 내 남동생을 체육관 로커에 세게 떠밀었다.
부모님이 학생주임에게 항의했다.

16.

아직 운전면허가 없는 열일곱 살 때의 일이다. 운전 교습을 받
다가 그만둔 뒤였는데, 나는 잠재적 여자 친구에게 운전면허
가 있다고 거짓말을 했다. 그로부터 몇 주 뒤, 그 애가 있는 자
리에서 어머니가 나를 꾸짖었다. "내가 운전면허 따라고 했잖
아!" 잠재적 여자 친구가 키득키득 웃었다.

17.

한 블록 아래에 사는 빨강머리 여자는 "못생겼고 매력도 없다
고" 아버지가 나에게 말했다. 나는 그 여자의 굴욕적이었을 삶
을 상상해보았다.

18

내 7학년 과학 교사는 "맞춤법 실격자"라고 아버지가 말했다. 나는 불쌍한 실격자의 변호에 나섰다. "영어 과목을 가르치는 것도 아니잖아요!" 아버지는 자신의 주장을 굽히지 않았다. "이 정도면 문맹이야." 나는 등사판 유인물을 다시 살펴보았다. 생태계 흐름도에 어린애 같은 오탈자들이 있었다.

19.

얼마 전에 나는 원고 청탁을 받고 한 화가에 대한 에세이를 썼다. 그 화가가 내 에세이에 마음이 상했다고, 그래서 내 에세이를 카탈로그에서 빼기로 했다고 큐레이터가 말해주었다.

20.

얼마 전에 나는 한 잡지의 청탁으로 정치에 대한 에세이를 썼다. "당신이 쓴 글이 우리 잡지 이번 호에 어울리지 않는다는 데 모두 동의하고 있다"고 편집자가 나에게 말했다.

21.

얼마 전에 나는 한 문학 잡지에 서평을 썼다. 편집자는 내 글을 가리켜 "망친 글"이라고 했고, 지면에 실어주지도 않았다.

22

랜덤하우스에서 일하는 지인이 나에게 말했다. "랜덤하우스에서 당신 책을 안 내기로 결정한 건 나 때문이에요." 그는 미소를 지었다. 나는 그의 자백이 위트 있고 재밌다고 생각하는 척했다.

23.

나는 내 시집 중 두 권을 따뜻한 헌사와 함께 어느 중견 시인에게 증정했다. 그로부터 수년 뒤에 내 후배 하나가 중고서점에서 난처할 정도로 열렬한 헌사가 적힌 책 두 권을 발견했다고 알려주었다. 바로 그 책들이었다.

24.

어느 학술대회에서 질의응답 시간에 방청석에서 한 학생이 일어나더니, 자기가 내 세미나 수업을 들은 적이 있는데 내가 백인 작가들만 다루었다며 나를 규탄했다. 그 학생의 용기에 박수를 치는 방청객들이 있었다.

25.

패널 토론이 끝난 뒤, 한 동료—내가 문화적으로 보수라고 여기고 있던—가 와서 나를 포옹해주려고 했다. 나는 지금은 나를 포옹하지 말아 달라고 그에게 말했다. 나의 혁명적 규탄자

들에게 내가 특권층 인문학자들에게 부역하는 모습을 보이고
싶지 않았다.

26.

다음 날, 나는 그 동료에게 전화를 걸어 점심 식사를 같이 하
자고 청했다. 처음에는 그가 거절했다. "당신, 나를 피했잖
아." 다음 날 카페에서 그는 평생 외면당해온 이야기를 들려주
었다.

27.

그 동료는 에이즈로 세상을 떠났다. 나는 병문안을 간 적이 없
었다.

28.

여자 친구는 나에게 편지를 수십 통 썼는데, 나는 답장을 하지
않았다. 나는 새 편지가 도착할 때마다 내 게으름 때문에 굴욕
을 느꼈다. 하지만 내가 답장을 하지 않음으로써 상대에게 굴
욕을 가하고 있다는 것도 알고 있었다. 켜켜이 쌓이는 편지는
(나는 그것들을 보관했다) 나의 배은망덕함, 이기심, 반사회적
인격장애의 증거 자료였다.

29.

헤어진 여자 친구가 내 침대 안으로 기어 들어왔다. 나는 고열에 시달리고 있었다. 나는 "저리 가, 나 아파"라고 했다. 상대는 "여기서 자게 해줘"라고 했다. 나는 "안 돼, 저리 가"라고 했다. 상대는 계속 졸라댔다.

30.

한 친구가 난데없이 걷잡을 수 없는 구토와 설사가 나왔던 경험담을 들려주었다. 그녀가 웨이트리스로 일하던 레스토랑에서 생긴 일이다. 그녀는 화장실 문과 변기 사이에 쓰러져 있었다. 동료 웨이트리스가 와서 그녀를 곤경에서 구해주고 오물을 치워주었다.

31.

한 친구에게 전해 들은 이야기: 헬스장에서 한 남자가 몸에 딱 붙는 반바지를 입고 있었다. 그가 운동하는 동안, 반바지 뒤쪽으로 핏방울이 조금씩 배어 나왔다. 치질? "피 나요." 트레이너가 그에게 말해주었다.

32.

7학년 때: 어느 날 밤, 나는 몇 시간 동안 멈추지 않고 자위를 했다. 다음 날, 내 부어오른 음경은 드레이들*과 비슷해 보였다. 부기가 영영 빠지지 않을까 봐 걱정이었던 나는 어머니에게 배탈이 났다고 말했고, 학교를 빠지고 집에 있게 해달라고 사정했다. 체육 시간에 내 기형성이 드러날까 봐 걱정되었다.

33.

한 젊은 친구가 신경쇠약에 걸려 정신병원에 입원한 뒤 자꾸 전화를 걸어왔다. 그는 음성 메시지를 여러 번 남겼다("병문안 좀 와요"). 나는 회신하지 않았고 병문안도 가지 않았다. 내가 그에게 굴욕을 가하고 있었을까? 아마도 그랬을 것이다. 하지만 그의 고민에 너그러이 대응하기를 거부하는 나의 완고함은 나 자신에게도 굴욕을 가하고 있었다.

34.

여동생이 어머니의 반대에도 불구하고 길고양이를 입양했다. 고양이는 차고에서 기를 것, 집 안에 들이지 말 것, 그것이 규칙이었다. 어느 날 밤, 내 실수로 그 고양이가 주방으로 뛰어들어왔다. 나는 고양이의 비체를 다시 차고로 몰아넣기 위해 빗자루를 이용했다. 나를 끈질기게 괴롭히는 질문: 동물이 굴욕당하는 것이 가능할까? 아니면 동물이 당하는 아픔은 비체

---

* 유대인들의 전통 팽이.

화되었다는 뼈저린 자각이 수반되지 않는 통증일까?

35.

내 남자 친구는 고양이 알레르기가 있는데, 어느 날 우리는 고양이를 키우는 집에서 하룻밤 '집 지킴이'를 하게 되었다. 우리는 그 동물이 우리 침대 안으로 기어 들어오는 일이 생기지 않도록 화장실에 넣고 문을 잠갔다. 우리의 피해자는 밤새 울면서 화장실 문짝에 거세게 몸을 던졌다. 우리는 이불을 뒤집어쓰고 몸을 웅크렸다. 고양이가 공포와 슬픔으로 죽을까 봐겁이 났다.

36.

1977년: 한 친구가 새로 칠한 페인트가 채 마르지 않은 벽에 내 베개를 집어 던졌다. 제정신이라면 그 어떤 이유도 그렇게 쓸데없이 내 베개를 더럽히는 행동의 동기가 될 수 없었다. (베개가 아니라 집어 던지기 좋은 쿠션이었다.)

37.

한때 친구였던 그녀가 그렇게 내 베개를 더럽힌 지 수십 년이지나 불쑥 내 자동응답기에 메시지 두 개를 남겼다. 나는 회신하지 않았다.

38

트라이베카의 한 고급 식당 근처였다. 혹한의 겨울밤이었는데, 남루한 차림의 흑인이 "메리 크리스마스"라고 하더니 돈을 달라고 했다. 그때 나는 세 친구와 함께 있었는데, 세 명 중 흑인은 없었다. 우리는 식사 전이었다. 한 친구가 그 거지에게 1달러짜리 지폐를 주었다. 그 구걸 생활자는 불만스러운 듯 "나는 당뇨 환자예요"라고 했다. 나는 입고 있던 가죽바지 주머니를 뒤져 25센트짜리 동전 세 개를 찾아내 그에게 주었다. 그는 내 손을 잡고 흔들었다. 나는 식사하기 전에 비누로 씻어야겠다고 머릿속으로 다짐했다.

39.

한 친구가 로마에서 강간을 당한 뒤 힘든 회복기를 보내고 있었다. 볼티모어에 사는 그녀의 모친이 로마로 날아와 싸구려 숙소에서 함께 머물렀다. 말다툼이 끊이지 않았다.

몇 년 뒤에 그 친구가 (백인이었다) 흑인 남자와 결혼했다. 그녀의 친척 중 몇 명이 탐탁지 않아 했다. 고령의 한 친척은 "신랑이 시드니 포이티어 같은 미남이면 내가 이러지도 않아"라고 말했다고 한다.

41.

7학년 때, 역사 교사가 유대인 학살을 설명하고 있었는데, 한 애가 (유대인이 아니었다) "히틀러는 유능한 문제 해결자였다"고 말했다.

42.

학교 화장실에서 어떤 동료의 똥 싸는 소리가 크게 들리면 나는 그가 불쌍해진다. 똥 싸는 소리를 엿듣는 내가 그에게 굴욕을 가하고 있다는 느낌이 든다.

43.

아버지가 화장실에서 똥을 싸면 나는 그가 굴욕적이겠다고 생각하곤 했다. 나중에 냄새를 맡게 되면 더 그렇게 생각했다.

44.

화장실에서 어머니가 싼 똥 냄새를 맡은 경우에도 불쌍한 마음이 들기는 했지만(아버지는 비교적 덜 배타적인 장소였던 '애들 화장실'을 종종 이용했던 반면, 어머니는 '안방 화장실'에서 힘을 주곤 했다), 아버지가 만든 냄새가 맡아질 때만큼은 아니었다. 아버지의 똥 싸기는 어머니의 똥 싸기보다 더 굴욕적이었다. 똥을 싼다는 것은 남자의 본성의 핵심을 포착하는 행위였다. 나의 신화 체계를 들여다보자면 (여기서 이야기하려니 당혹스럽지만, 내가 발견한 것들을 정확하게 전달하기 위해 부끄러움을 이겨내야만 한다), 똥 싸기와 남성성은 거울 관계인 반면에 똥 싸기와 여성성은 모순 관계다. 그러다 보니 남자가 똥을 싸고 있다는 것을 알게 되었을 때는 나도 그의 굴욕에 참여하게 된다. 하지만 여자가 똥을 싸고 있다는 것을 알게 되었을 때는 오인당한 정체성의 한 사례를 참관하게 될 뿐이다.

45.

파리에 있을 때였다. 아주 추운 겨울밤이었는데, 한 여자가 연석에 쭈그리고 앉아 치마를 올린 채 긴 똬리 똥을 싸고 있었다. 나는 그 부끄러운 짓에 아연실색해서 걸음을 멈췄다. (이 말과 방금 내가 똥 싸기와 여성성에 관해 했던 말이 모순된다는 것을 깨닫는다.) 내가 그 끔찍한 광경으로부터 슬슬 물러나고 있을 때, 한 행인이 내가 그녀를 버리고 떠난다고 비난했다. 그 배변 중인 여자가 내 친구라는 그의 잘못된 추론 때문이었다.

46.

1980년대에 '애비뉴 오브 더 아메리카스'를 지나가던 나는 덩치 큰 여성이 인도 중앙에서 걸음을 멈추더니 두 다리를 쫙 벌리고 소변의 폭포를 방출한 뒤 가던 길을 가는 장면을 보았다. (그녀는 홈웨어 원피스를 입고 있었다). 그녀는 효율성의 귀감인 듯 뻔뻔하고 태연했다. 자기가 배변 문제를 다루는 손쉬운 방법을 생각해냈다는 식이었다. 그러나 나는 그녀의 행동이 불러온 파장을 모든 목격자에게서 감지할 수 있었다.

47.

6학년 때, 플라스틱 빨대로 12면체를 만드는 과제가 있었다. 교사가 조립 과정 전체를 순서대로 보여주었다. 하지만 나는 집중하기를 그만두었다. 나의 12면체 건설 현장에 지체가 생겼다. 며칠이 흘렀고 나는 일정을 맞출 수 없었다. 같은 반 애들의 12면체는 모두 완성되었다. 나의 것은 개발 중단 사례였다.

48.

여러 번 한 이야기다. 8학년 때 영어 교사가 독후감 숙제를 냈다. "각자 원하는 책을 고르렴, 하지만 고전 중에서 골라야 해"라고 그녀는 말했다. 나는 『제인 에어』를 골랐다. 교사는 "안돼, 그건 소녀용이잖아. 소년용을 읽어야지, 『북서항로*Northwest Passage*』 같은"이라고 말했다. 나는 반항했다. 나는 『제인 에어』를 고집했다. 교사는 나를 제외한 모든 학생에게 구두 발표를 시켰다. 내가 묵직한 발표용 자료를 준비했음에도 그녀는 내 순서를 건너뛰었다. 어쩌면 교사는 소녀용 책으로 발표하는 굴욕을 피하게 해주고 싶었는지도 모른다.

49.

1969년: 어떤 애가 내 목소리가 높다고 놀렸다.

50.

고등학교 때 가장 친한 친구가 나의 매끈한 종아리를 흠잡았다. 수영장 가장자리에서 그 애가 한 말은 "닭살 같아"였다.

51.

7학년 때 체육 시간에 어떤 애가 축구장에서 나를 "왑 패것wop faggot"*이라고 불렀다. 나는 이탈리아 사람으로 오해받은 것에 우쭐했다.

52.

내가 30대 후반이었을 때, 먼 친척이 나에 대해 (내 뒤에서) "리탈린 먹는 애"라고 했다. (나는 그 말을 제3자에게 전해 들었다.) 나는 한 번도 리탈린**을 복용한 적이 없다.

53.

한 대학원 과정에 지원했다가 떨어졌을 때, "친애하는 미즈Ms.

---

* wop은 이탈리아 이민자를, faggot은 동성애자를 비하하는 욕설이다.
** ADHD 치료제.

케스텐바움"으로 시작되는 불합격 통지서가 왔다.

54.

거대한 음경을 가진 내과 의사가 내 엉덩이가 납작하다고 말했다(탈의실이었고, 우리 둘 다 알몸이었다).

55.

6학년 때, 교사가 나의 문제 행동("상황에 맞지 않는 말"을 하는 것)을 이유로 내 책상을 교실 맨 앞(다른 학생들과 멀리 떨어진 칠판 옆)으로 옮겼다. 내 책상이 눈에 띄는 자리, 벌 받는 자리에 놓여 있는 것을 학부모-교사 모임 참석차 학교에 왔던 부모님이 보았다.

56.

내 방 팩스기에서 내 책에 대한 지독한 악평이 굴러떨어지기 시작했다.

57.

수년 뒤, 내 방 팩스기에서 내 책에 대한 지독한 악평이 굴러떨어지기 시작했다.

58

나는 팩스기를 내동댕이쳤다.

59.

한때 우호적인 지인이었던 저명한 소설가가 파티에서 나를 아는 척하지 않기 시작했다. 추리해본 결과, 더 이상 나와 친분을 쌓을 가치가 없다고 생각한 듯했다.

60.

고등학교 체육 수업에 들어가면 남자애들이 나를 우디라고 불렀다. 그 애들은 내가 우디 앨런을 닮았다고 생각했다. 듣기 좋으라고 하는 말은 아니었다.

61.

우디가 미아 패로의 딸과 성관계를 했다는 이유로 언론의 비난을 받을 때, 나는 그를 안쓰러워했다. 언론에 의해 굴욕당하는 불쌍한 우디만 생각하면서 미아의 관점을 무시했다.

62.

얼마 전에 공항에 갔을 때, 델타항공 매표소의 한 남자가 "고객님은 우디 앨런을 닮으셨네요"라고 했다. 나는 그의 말을 반유대주의적 발언으로 여기기로 했다.

63.

자전거를 타고 중심가 도로를 달리다가 신호등에 걸려 섰는데, 옆 차선 자동차의 운전자와 승객들이 큰 소리로 웃어댔다. 나 때문인 것 같았다.

64.

낯선 사람들이 나와 가까운 곳에서 웃으면, 나는 그들의 웃음거리가 나일 것이라고 짐작한다.

65.

7학년 때 나는 어느 토요일 오후에 베키라는 귀여운 여자애한테 전화를 걸어서 "정식으로 사귀자"고 했다. 그 애는 깔깔 웃으면서 싫다고 했다. 나는 곧장 내 두번째 선택지였던 낸시에게 전화를 걸어서 똑같이 말했다. 그 애도 거절했다.

66.

내가 7학년이던 어느 토요일 오후에 전화가 와서 받았더니 정체를 알 수 없는 상대방이 체육 관련 설문조사에 참여해달라고 했다. 그는 내 신장과 체중을 알고 싶어 했다. 팔굽혀펴기를 몇 번 할 수 있냐고도 물었다. 나는 어떤 애가 장난 전화를 걸고 있다고 의심하기 시작했다. 체육 시간에 나의 서툰 움직임을 본 동급생이 아니었을까?

67.

대학교 1학년 때 내 기숙사 방으로 전화가 와서 받았더니 모르는 사람이 "당신은 게이입니까?"라고 물었다. 그는 킬킬거리다가 전화를 끊었다. 내가 도서관에서 글로리홀*을 크루징하는 것을 본 학생이라고 짐작이 되었다.

68.

대학교에서 전공을 선택할 때 문예창작과에 지원했다. 정원은 1년에 다섯 명이었다. 나는 면접에서 칼 융의 원형 이론에 영향을 받았다고 했다. 학과는 내 지원을 거절했다.

69.

나는 연습 부족 상태로 슈만의 피아노 3중주 D단조 리허설에 갔다. 나는 내 파트를 제대로 해내지 못했다. 코치는 프로답지 못하다면서 나를 호되게 혼냈다.

70.

공연 시작 직전이었는데(연주곡은 브람스의 소나타 중 하나였고, 나는 클라리넷을 위한 반주자였다), 내 페이지터너가 "아까 오후에 네가 연습할 때 누가 듣더니, '쾅쾅대는' 연주라고 그

---

* 공중화장실 칸막이에 뚫린 구멍을 가리키는 은어.

러더라"라고 속삭였다(피아니스트에게 쾅쾅은 범죄 행위였다). 불안해진 나는 첫 소절에서 버벅거렸다.

71.

수십 년 전, 나는 내가 일기를 쓴다는 사실을 친구에게 말했다. 어린 나이에 성공한 작가였던 그녀는 "나는 지면에 실리는 글 아니면 안 쓰는데"라고 했다. 우리는 함께 석양을 보고 있었다. 나는 그때까지 글을 어디에 실어본 적이 거의 없었다. 그녀는 주요 잡지들에 실리고 있었다.

72.

어느 날 아침에 아버지가 "너 입냄새 참 고약하다"라고 말했다. 그때 나는 사춘기였다.

73.

열세 살 때 아버지 불알을 무릎으로 가격한 적이 있다고, 내가 아끼는 학생 중 하나가 얼마 전에 나에게 털어놓았다. 너무 세게 가격해서 아버지가 기절했었다고.

74.

올해 부활절 오후에 샌프란시스코 공항에서 있었던 일이다. 보안 검색대 앞에서 내 차례를 기다리며 서 있는데, 한 성인

똥 싸는 소리를 엿듣는

남자가 사춘기 딸의 엉덩이를 걷어차는 장면이 눈에 들어왔다. 딸은 청바지를 입고 있었는데, 골반과 가슴이 완전히 발육된 성숙한 '몸매'의 여자애였다. 내 눈에 그 애는 열세 살 정도로 보였다. 그 애 아버지는 (백인이었다) 프랑스어로 말하고 있었는데, 알랭 들롱 아니면 폴 오스터를 닮은 초절정 미남이었다(내가 다른 세 선택지 중에서 그 검색대를 고른 것도 그 섹시한 외국인과 가까이 서 있고 싶어서였다). 딸은 곧장 울음을 터뜨리더니 자기 아버지를 노려보다가 고개를 돌렸다. 내 뒤에 서 있던 남자가 (흑인이었다) "가나에서는 아버지가 딸을 저렇게 대하지 않아요"라고 했다. 그러면서 자기 심장을 가리켰다. "여기가 아프네요." 그리고 이렇게 말했다. "저러는 걸 보면 화가 나요." 오늘이 부활절이라는 것, 패러다임 전환의 날이라는 것이 떠올랐다. 그제야 비로소 내 눈에 들어온 가나 남자는, 나의 견해로는, 좀 전에 딸을 걷어찬 아버지만큼은 아니어도 미남은 미남이었다. 비즈니스맨으로 보이는 그 가나 남자는 진청색의 빳빳한 셔츠를 입고 있었다. 프랑스인 아버지는 구레나룻을 길게 기르고 있었고, 나의 머릿속에서는 비토리오 가스만도 떠올랐다. 조금 전에 나는 그가 알랭 들롱과 폴 오스터를 닮았다고 했다. 실제로 그 프랑스인 아버지는 수많은 유명한 매력남들을 닮은 남자였다. 딸을 걷어찰 때 그는 딸의 뒤에 서 있지 않았다. 그때 그는 딸의 옆에 서 있었다. 그의 다리가 운동선수처럼 강력하고 능숙하게 오른쪽으로 회전할

푸가 11

때는 유도의 발차기 동작 같기도 하고, 보복과 자기보존의 무의식적 반사 작용 같기도 했다. **내 딸애가 버릇없이 굴고 있다, 고로 나는 딸애의 엉덩이를 걷어찬다.** 그의 옆차기 동작은 공식을 따르는 듯 익숙해 보였고 완성도가 높았다. 여자애는 분노와 수치와 눈물로 얼굴이 새빨개졌다. 그 애는 뉘우치는 듯 아버지를 쳐다보았지만, 아버지의 표정은 누그러지지 않았다. 어머니는 아무 표정 없이 그 장면을 무시했다. 어머니는 아무 말도 하지 않았고, 어떤 조치도 취하지 않았다. 그녀의 미모도 수준급이었지만, 남편이나 딸의 미모에는 미치지 못했다. 가나 남자와 나는 우리가 좀 전에 본 장면에 대한 동정 표하기를 계속했다(충격적인 장면이었다는 눈빛을 말없이 교환하는 것이 거의 전부였다). 내가 저 폭력적인 아버지를 매력남이라고 생각하는 데서 죄책감이 느껴졌다. 내 옆에 가나 남자가 있다는 것이 위로가 되었다. 나는 경찰을 부르고 싶었다. 나는 그 딸애를 위로해주고 싶었다. 엉덩이가 아프지 않을까. 윤리 규범을 위반한 것은 그 애의 아버지였지만, 그가 걷어찬 곳이 엉덩이라는 내밀한 부위였던 만큼, 그 애가 그의 위반 행위로부터 멀찌감치 떨어져서 중립적으로 판단하기는 불가능하지 않을까. 그 폭력 행위가 자기 몸의 외부에서가 아니라 **내부**에서 일어나기라도 한 듯, 그 애는 그 행위를 내면화할 수밖에 없지 않을까. 그 애는 그의 행위로 인해 더러워졌고, 그 장면을 목격한 우리도 더러워졌다. 그 더러움이 사방으로 전염되어 캘리포니아 하늘에 먹구름처럼 드리웠다. 그 아버지가 우리에게 물리적 흔적을 남겨놓기라도 한 듯, 우리는 그 더러움을 우리 몸의 내부에서 느꼈다. 그러면서 본의 아니게 나는 그 아버지에게 유감스럽고 절망스러운 동정심을 느끼기도 했다. 그는 자기 자신과 딸이 장차 행복할 가능성을 전부 파괴해버린, 그러면서도 자기가 미래를 그렇게 치명적으로 오염시켰다는 사실을 깨닫지 못하는 듯했다. 한번 바다에 기름을 유출하면 결코 깨끗이 걷어내지 못하는 것과 마찬가지였다. 방금 나는 "선연한 핏빛incarnadine을 깨끗이 씻어내지 못한다"고 쓰고 싶었는데, 그 이유는 셰익스피어가 그런 상황에서 (영원히 씻어낼 수 없는 죄책감, 영원히 씻어낼 수 없는 살인자의 피 묻은 손을 묘사해야 하는 순간이 왔을 때) "선연한 핏빛"이라는 단어를 사용했기 때문이다. 셰익스피어라면 아버지의 범죄 행위를 묘사하면서 "선연한 핏빛"이라는 표현을 사용했을 텐데, 나는 그 기회를 잃었다. 기회를 날려버렸다고 하자. 남은 역사에서 "선연한 핏빛"이라는 표현을 허세 없이 사용할 마지막 기회를 내가 망쳐버렸다. 딸은 앞으로 수년간 아버지를 이상화하는 자리에서 벗어날 수 없을 것이고, 그 이상화는 그 애의 몸 내부에서, 그 애에게 굴욕이 가해진 바로 그 지점에서 행해질 것이다. **엉덩이 통증**과 방관자들에 대한 기억이 쌍둥이처럼 함께 떠오를 것이다. **내 걷어차인 엉덩이를 관망하는 방관자들, 범죄자인 내 아버지를 관망하는 방관자들, 범죄적인 내 행동을 관망**

**하는 방관자들, 판결하지 못하는 방관자들, 내 가족이 썩었다
는 것을 아는 방관자들, 벌겋게 울상이 된 내 얼굴의 추함을 역
겨워하는 방관자들.** 안전과 상호신뢰라는 양막이 우리 모두를
감싸주고 있다고 치면, 그것이 우리를 교양인으로 만들어주
는 필수 요소라고 치면, 아버지는 그 불가해한 폭력 행위를 통
해 바로 그 양막을 찢은 셈이었고, 우리는 무력하다는, 연루되
어 있다는, 관음증 환자라는, 범죄 가담자라는 저마다의 정체
를 서로에게 들킨 채 다 함께 폭우처럼 쏟아지는 햇빛 아래 서
있게 된 셈이었다. 내 생각에 딸은 그날 이후 아버지를 볼 때
마다 역겨움을 느꼈을 것 같다. 아버지가 매력적이라는 것을
알고 있으니 역겹고, 아버지가 자기에게 굴욕을 가했다는 것
을 알고 있으니 역겹고, 아버지를 죽여 그 굴욕에 보복하고 싶
지만 아버지를 죽이고 싶은 바로 그 지점에서 아버지를 사랑
하고도 있기 때문에 아버지를 죽이고 싶은 마음을 행동으로
옮길 힘이 없다는 것을 알고 있으니 역겨웠을 것 같다. 거창한
소리가 될 위험을 무릅쓰고, 껍데기만 요란하고 알맹이는 없
는 소리가 될 위험을 무릅쓰고, 나는 이 편린들을 부활절 일
요일에 공항에서 아버지에게 엉덩이를 걷어차인 딸에게 헌정
한다.

감사의 말

탁월한 편집자 데이비드 로저스에게, 사랑하는 에이전트 아이라 실버버그에게, 나를 담대하게 해주는 뮤즈 샘 더글러스에게, 브루스 헤인리, 매기 넬슨, 리사 루빈스타인에게, 뉴욕시립대학교 대학원에서 나에게 문학을 배우는 학생들에게, 예일대학교 미술대학에서 나에게 그림을 배우는 학생들에게, 피카도르 출판사의 모든 분에게, 부모님과 형제자매에게, 그리고 말로 표현할 수 없을 만큼 마법 같은 존재 스티븐 마르케티에게 감사를 전한다.

알몸의 짐과 혹부리 왕비:
질 좋은 구린내의 역겨운 미학을 엿듣는
그림자가 되고 싶은

[1] 프롤로그

철학자 주디스 버틀러는 올바르지 않은 사회에서 올바른 삶이 가능할까라는 질문을 던진 뒤,* 윤리적 당위로서의 비폭력 논의를 펼친다. '정상적인' 삶 속에서 물리적 폭력을 행사할 기회는 별로 없는 만큼, 폭력은 쉽게 타자화된다. 폭력이란 내가 저지르는 것이 아니라 남에 의해 저질러지는 어떤 것, 주로 불쌍한 약자를 상대로 저질러지는 어떤 것이라고 생각되기 쉽다. 하지만 버틀러에게는 모두가 폭력에 연루되어 있다는 바로 그 사실 때문에 비폭력이 혁명적 가치가 된다.** 버틀러의

---

* 주디스 버틀러, 『연대하는 신체들과 거리의 정치』, 창비, 2020, pp. 273~307 참고.

** 주디스 버틀러, 『비폭력의 힘』, 문학동네, 2021 참고.

독자라면, 『굴욕』1장의 이런 맹세에서 『비폭력의 힘』을 떠올릴지도 모른다.

> 맹세하자. 남에게 일부러 굴욕을 주는 일은 삼가겠다고. 내가
> 그런 끔찍한 일에 관련되어 있음을 알게 되면, 당장 그만두고
> 입장을 바꾸고 죄를 바로잡겠다고. (p. 28)

버틀러가 무소부재無所不在하는 폭력을 비판한다면, 케스텐바움은 굴욕의 구체적 폭력성을 조준한다. 우리의 삶에서 굴욕이 얼마나 폭력적이면서 불가피한 관계 방식인가를, 우리가 어떻게 가해와 피해의 치명적인 관계 망에 걸려 있는가를 케스텐바움은 섬세하고 격렬하게 고발하고 자백한다! 라고 말하고 싶지만, 그렇게만 말한다면 이 책의 핵심을 벗어나게 된다. 이 책의 미덕은 바로 그런 거창한 소리를 삼가는 데 있다.

> 끔찍한 상황에 대해서 쓸 때는 환상이 깨진다. 이 주제에 대해
> 서 나는 거창한 소리를 할 수가 없다. (p. 28)

[2] 탈주체화

『굴욕』에 거창한 소리가 전혀 없는 것은 아니다. 대중매체를 매개로 미국 역사에 총체적 비판을 가하는 대목의 거창함에는 카타르시스마저 있다.

미국은 도덕적으로 무감각한 웃음에 재능이 있는 나라다. 미국은 아프리카계 미국인들을 노예로 부리고 학대함으로써 그리고 아메리카 원주민들을 학살함으로써 그 재능을 연마할 수 있었다. 그 자신감 넘치는 웃음이 미국에만 있는 것은 아니다. 그 웃음이 점점 도를 더해가는 것은 다른 많은 나라에서도 마찬가지다. 하지만 그 웃음은 참으로 미국적인 톤을 가지고 있다. 대중매체의 자신만만한 톤, 광고의 톤, 사업의 톤, 맥도널드의 톤, 도살장의 톤이다. 나는 군산복합체를 도살장이라고 부른다는 것을 1960년대에 배웠다. (pp. 57~58)

하지만 『굴욕』의 저자에게 거창한 이야기는 예외적 여담일 뿐이다. 『굴욕』 본연의 목소리는 위 인용문 바로 뒤의 이런 괄호 속에 있다.

(나의 문장들에 준엄한 톤이 침입했다. 교육자의 매질하는 목소리다.) (p. 58)

『굴욕』을 낭독하려는 독자에게는 이런 묘사가 참고가 될지도 모른다.

내 목소리를 가만히 들어보면, 기복이 없는 것이 특징이다. 빨라지지도 높아지지도 않는다. 대신, 굴욕당한 자의 무쾌감증과 마취 상태가 있다. 돌이킬 수 없는 피해로 이미 납작해진 사람처럼 웅얼웅얼한다. (p. 47)

[3] 별미-로서의-잡육

『굴욕』에는 저자의 굴욕적 경험 조각들이 곳곳에 흩어져 있다. 유부남을 지독하게 짝사랑한 경험에서부터 타인과는 공유하지 않는 것이 좋을 듯한 갖가지 실수와 실패의 경험들이 상당히 버젓이 공개되어 있다. 하지만 공연한 자기노출self-exposure은 아니다.

회고의 편린은 여담이 아니다. (p. 74)

읽는 순간에는 오금이 저리게 끔찍하게 느껴졌던 에피소드들이 3장의 맥락 속에서는 매우 적절하게 느껴지고 때로 유머러스하게까지 느껴진다. 하지만 기본적으로는 저자에게 굴욕적이었던 경험이고, 읽는 독자에게는 거북함을 안겨주는 경험이다. 그래서 저자는 사과한다.

당신에게 이런 이야기를 듣게 해서 미안하다. (p. 79)

[4] 마조히즘은 베이직 블랙

독자가 작가의 사과를 꼭 받아줄 필요는 없다. 거북한 글과 마주친 독자에게는 책을 덮는다는 선택지가 있다. 데이비드 실즈는『굴욕』을 가리켜 인간의 조건에 대한 "유달리 거북한" 명상이라고 하기도 했는데,* 그런『굴욕』안에서도 특히 더 거북한 부분이 4장이다. 첫번째 편린을 가득 채운 능욕 서비스 구인/구직 포스팅들부터 더럽기 짝이 없다. 나를 능욕하겠다고 하는 것은 아니지만, 나더러 능욕해달라고 하는 것도 아니지만, 기분이 확 잡친다. 나는 왜 이런 희비극적 레저 스포츠에 이렇게 긁히는 것일까 자문해볼 새도 없이 책을 덮고 말 것이다. 정숙하지 못한 독자라면 계속 읽어나갈지도 모른다. 만약 그가 BL을 선호하는 포르노 애호가라면, 이런 대목에서 그런 취향에 대한 변명을 발견할지도 모른다.

> 역사적으로 (일반화하자면) 여자들이 나쁜 대우를 받는 경우가 더 많았기 때문에 — 망할 가부장제 — 나는 남자가 굽실거릴 때 더 강한 전율을 감지한다. (pp. 80~81)

4장을 다 읽은 비위 좋은 독자가 있다면, 마조히스트로 개종할지도 모른다. 유신론자가 되기를 권하는 파스칼과 비슷한

---

* 데이비드 실즈,『문학은 어떻게 내 삶을 구했는가』, 책세상, 2020, p. 169.

어조로, 케스텐바움은 마조히스트가 되라고 권한다.

> 마조히스트는 굴욕을 찾아다니는 반면, 비非마조히스트는 굴
> 욕으로부터 도망칠 수 없다. (p. 85)

이런 작가지만, 굴욕이 작가에게 어떤 효용이 있는가를 말할
때는 조금은 더 진지한 어조가 된다.

> 굴욕에는 지긋지긋하고 참을 수 없는 면이 있을 수 있지만, 거짓
> 말로 꾸며낼 수 없는 면도 있다. 점점 가짜로 채워지는 듯한 세
> 상에서 […] 굴욕은 적어도 거짓말하는 것 같지는 않다. (p. 87)

[5] 형이상학적 린치

『굴욕』의 굴욕 논의가 실은 상당히 진지하다는 것은 이번 5장
에서 비로소 분명해진다. 『굴욕』의 대전제 중 하나는 주류사
회 구성원으로서 굴욕 가해자가 되는 것이 불가피한 상황이
있다는 것이다. 예컨대, 저자는 어릴 때 알았던 어떤 이상한
애를 떠올리면서, 내가 그때 아무리 조심했다고 해도 "나라는
존재가 그 아이에게 알게 모르게 굴욕을 가하는 사회적 엔진
의 일부"였다는 사실은 변하지 않는다고 한다(p. 100). 그리고
이 대전제가 심리적, 정치적, 미학적 차원에서 각각 어떤 의미
가 있는지를 정리한다.

심리적 차원: 구체적인 상황에서 내가 상대에게 굴욕을 가하고 있지는 않을까 전전긍긍하는 것 자체가 우리의 문제적 투영 메커니즘의 징후다.

> 그녀의 것이 아닌 굴욕을 내가 그녀에게 뒤집어씌우고 있었다. 나를 짓누르는 두려움들을 이렇게 나는 낯선 타인에게 떠넘긴다. (p. 101)

정치적 차원: 백인 공포정치하에서 비非백인은 백인의 얼굴 그 자체를 형이상학적 린치로 경험한다. 수치심과 죄책감은 백인으로 '패싱'되는 개개인들의 몫이다.

> 지금까지 내가 흑인들을 그렇게 죄스러운 방식으로 쳐다보았으니, 나에게 그럴 의도나 그런 자각이 없었다고 해도 내 얼굴과 내 몸에는 **흑인을 쳐다보는 백인**이라는 윤리적 수렁의 흔적이 남아 있다. 게다가 내 얼굴과 내 몸은 **흑인을 쳐다보는 백인**이라는 그 절대적 흔적을 제거할 방법을 많이 가지고 있지 않기 때문에, 내 시선은 짐 크로 눈총이 되거나 짐 크로 눈총의 역사를 고스란히 물려받은 시선이 되고, 내 눈은 친절한 눈이든, 궁금해하는 눈이든, 무심한 눈이든, 자기가 어떤 눈인지 알지 못하는 눈이든 상관없이 굴욕의 수레바퀴를 또 한 번 돌아가게 한다. 내 보행과 시선에는 수치심과 죄책감을 피하지

못하는 사람의 태도, 이렇게 쳐다보고 있는 얼굴이 이런 백인의 얼굴이라는 이유만으로도 자기가 문제의 원인이 됨을 알고 있는 사람의 태도, 자기가 다른 사람들에게 굴욕을 가하는 일에 연루되어 있음을 알고 있는 사람의 태도가 배어 있다. (pp. 104~105)

미학적 차원: 편견과 차별을 토대로 작동하는 사회에서 주류로 패싱되는 사람이라 해도, 비주류가 겪는 굴욕과 고통에 공감하고 비주류에 동일시하는 것은 가능하다. 가능하다는 말이 바람직하다는 뜻은 아니다.

어린 시절의 나는 이렇듯 리처드 라이트와 해리엇 터브먼을 내가 느낀 하찮은 굴욕의 극대화 작업에 이용했다. 윤리적으로 염치없는 이런 습관과의 씨름을 나는 아직 끝내지 못했다. (pp. 110~11)

[6] 공감성 수치

하지만 진지한 논의는 곧 거북한 이야기로 이어진다. 성형수술 리얼리티 쇼에 대한 여성혐오적 논평(논평자 본인의 취약성을 외부로 투사함으로써 자기의 존엄을 지키는 한 방법)과 스캔들로 낙마하는 정치인에 대한 남성혐오적 논평(복수심을 정의감으로 포장하는 한 방법)의 미러링을 거쳐 심야 스탠드업 코미디를 연상시키는 발기 회고담으로 마무리되는 6장은 그 어느 장보다 거북한 이야기다.

[7] 속 뚫림 예배

이제 독자는 묻지 않을 수 없다. 왜 진지한 논의를 하다 말고 이런 거북한 이야기를 자꾸 늘어놓는 건가? 저자는 기다렸다는 듯 대답한다. 굴욕에 짓눌려 있으니 다른 이야기를 할 수가 없다고. 독자는 재차 묻는다. 굴욕 이야기가 굴욕에서 벗어나게 해주기라도 한다는 건가? 저자는 역시 기다렸다는 듯 장담한다. 물론이라고. 굴욕에 대해 이야기하는 것이 곧 굴욕에서 벗어나는 길이라고. 단, 7장에서 그 충격적인 장담보다 더 충격적인 것은 굴욕에서 벗어나고 싶어 하지 않는 작가 장 주네의 존재다.

[8] 미디어 폭력

하지만 장 주네의 경우는 극히 예외적이다. 우리 대부분은 굴욕에서 벗어나고 싶어 한다. 다만 자기 자신의 굴욕과 대면하는 일이 쉽지 않다. 내가 굴욕에 짓눌려 있다는 사실을 의식 위로 떠올리는 것 자체가 거의 참을 수 없이 굴욕적이다. 굴욕당하는 스타, 고문당하는 노예와 포로, 포르노 장르의 모델과 배우… 저자가 우리 문화의 굴욕 조각들을 큰 그림 속에서 나열해나갈 때 독자는 거북함을 넘어 무지의 굴욕에 짓눌린다. 교육의 필요를 느낀다.

[9] 굴욕감 수업

그럼 이제야말로 케스텐바움이 교육자라는 본인의 정체를 드러내고 굴욕의 본질을 가르치기 시작할까? 그렇지는 않다. 이번 장에서도 그의 정체성은 여전히 굴욕당하는 학생이다. 그가 학생의 굴욕적 경험을 회고할 때 비로소 독자는 그의 자존감이 왜 이렇게 박살 나 있는지 알게 된다. 파시즘의 제자이자 차별주의의 신민이라는 그의 자리가 서구 제국주의 문명이라는 가해의 역사 속에 짜여 들어가는 것이 바로 이번 장에서다.

[10] 침점들

9장이 우리가 부끄럽다는 것을 가르쳐준다면, 10장은 우리가 어떤 형식으로 부끄러워할 수 있는가를 가르쳐준다. 좀더 정확하게 말하자면, 이번 장에서는 잘 부끄러워하는 법을 가르쳐준 스승들을 소개한다. 자기가 가장 좋아하는 작가라는 앙토냉 아르토로 시작되는 이 목록에는 앤 카슨, 바스키아, 세지윅 등의 저명한 시인, 화가, 학자와 함께 에밀리 디킨슨을 연상시키는 문맹 아티스트까지 포함되어 있다. 이 책에서 한 장을 읽을 여유밖에 없는 독자가 있다면 저자는 부디 10장을 읽어달라고 할 것 같다.

[11] 에필로그

잠시 다이어리 안에 머물다가 영영 잊히는 편이 어울릴 것 같

은 저자의 오래된 기억들이 『굴욕』의 마지막 장에서 독자에게
폭우처럼 쏟아진다.*

[12] 번역자의 다이어리

저자가 『굴욕』을 출간한 나이에 번역자는 『굴욕』을 재독했다.
초독했던 것은 그전이었지만, 그때는 의미나 뉘앙스를 잘 모
르겠거나 전혀 모르겠는 데가 너무 많았다. 번역을 마친 지금
은 그저 어디를 어떻게 모르고 있는지 모르고 있다. 나이가 들
수록 점점 더 잘 알게 되는 것은 스스로를 "요즘 것들에게 습
격당한 옛날 사람"이라고 지칭하는 저자의 마음뿐이다.

---

* 『굴욕』의 원서 표지는 가죽 재질의 잠글 수 있는 다이어리를 연상시킨다.

그림 목록

장-미셸 바스키아, 〈CPRKR〉(1982) ⓒ Estate of Jean-Michel Basquiat. Licensed by Artestar, New York.

장-미셸 바스키아, 〈텔레비전과 동물학대Television & Cruelty to Animals〉(1983) ⓒ Estate of Jean-Michel Basquiat. Licensed by Artestar, New York.

장-미셸 바스키아, 〈에로이카 II Eroica II〉(1988) ⓒ Estate of Jean-Michel Basquiat. Licensed by Artestar, New York.

앙토냉 아르토, 〈레옹 푹스를 위한 주문Spell for Léon Fouks〉(1939).

글렌 라이곤, 〈무제 (나는 인간이다)Untitled (I Am a Man)〉(1988). Oil and enamel on canvas, 101.6×63.5cm (Photographer Credit: Ronald Amstutz) ⓒ Glenn Ligon; Courtesy of the artist, Hauser & Wirth, and Thomas Dane Gallery.

글렌 라이곤, 〈무제 (내가 가장 유색인이라고 느낄 때는/선명한 백색/배경 속에/내던져졌을 때)Untitled (I Feel Most Colored When I Am Thrown Against a Sharp White Background)〉(1990). Oil stick, gesso, and graphite on wood, 203.2×76.2cm ⓒ Glenn Ligon; Courtesy of the artist, Hauser & Wirth, and Thomas Dane Gallery.

제임스 캐슬의 무제 작품 ⓒ James Castle Collection and Archive, Boise, Idaho.